向明而治

娄林 著

华东师范大学出版社

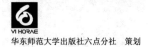

华东师范大学出版社六点分社　策划

Nōn est philosophia populāre artificium nec ostentātiōnī parātum.

——Seneca

A Prison Scene (1810—1814 or 1793—1794)
Francisco de GOYA Y LUCIENTES, Oil on zinc, 43 x 32 cm,
Bowes Museum, Barnard Castle

关注中国问题
重铸中国故事

缘　　起

在思想史上,"犹太人"一直作为一个"问题"横贯在我们的面前,成为人们众多问题的思考线索。在当下三千年未有之大变局中,最突显的是"中国人"也已成为一个"问题",摆在世界面前,成为众说纷纭的对象。随着中国的崛起强盛,这个问题将日趋突出、尖锐。无论你是什么立场,这是未来几代人必须承受且重负的。究其因,简言之:中国人站起来了!

百年来,中国人"落后挨打"的切肤经验,使我们许多人确信一个"普世神话":中国"东亚病夫"的身子骨只能从西方的"药铺"抓药,方可自信长大成人。于是,我们在技术进步中选择了"被奴役",我们在绝对的娱乐化中接受"民主",我们在大众的唾沫中享受"自由"。今日乃是技术图景之世界,我们所拥有的东西比任何一个时代要多,但我们丢失的东西也不会比任何一个时代少。我们站起来的身子结实了,但我们的头颅依旧无法昂起。

中国有个神话,叫《西游记》。说的是师徒四人,历尽劫波,赴西天"取经"之事。这个神话的"微言大义":取经不易,一路上,妖魔鬼怪,层出不穷;取真经更难,征途中,真真假假,迷惑不绝。当下之中国实乃在"取经"之途,正所谓"敢问路在何方"?

取"经"自然为了念"经",念经当然为了修成"正果"。问题是:我们渴望修成的"正果"是什么?我们需要什么"经"?从哪里"取经"?取什么"经"?念什么"经"?这自然攸关我们这个国家崛起之旅、我们这个民族复兴之路。

清理、辨析我们的思想食谱,在纷繁的思想光谱中,寻找中国人的"底色",重铸中国的"故事",关注中国的"问题",这是我们所期待的,也是"六点评论"旨趣所在。

点 点

2011.8.10

目录 Contents

1　**引论　哲学的危险**
Introduction: Philosophy in Danger

30　**一、柏拉图《王制》中的民主批判**
Chapter one: Plato's Critique of Democracy in His *Republic*

60　**二、雅典政制与国际关系：论色诺芬《雅典政制》**
Chapter Two: Athenian Politeia and International Relations: On Xenephone's *Regime of the Athenians*

86　**三、尼采论学者**
Chapter Three: Nietzsche on Scholars

108　**跋语**
Epilogue

引论　哲学的危险

> Carcasse, tu trembles? Tu tremblerais
> bien davantage si tu savais où je te mène.
>
> Turenne

尼采对民主的批评,并非个人情绪,而是基于哲学理由:

> 民主政制强烈厌恶(Die demokratische Idiosynkrasie)一切具有统治性和意欲具有统治性的东西,这种现代的权力否定主义(Misarchismus)(我为一件坏事造了一个坏词),逐渐侵蚀到精神领域、最高的精神领域,并披上精神的外衣。①

---

① 尼采,《道德的谱系》,梁锡江译,上海:华东师范大学出版社,2015年。第二章第12节,页132。译文略有改动。另参第三章第8节,页173。

尼采早已断言"上帝已死",那么,对于上帝已死的西方现代世界来说,最高的精神领域唯有哲学。根据这里的描述,民主政制的生活方式意图废黜一切最高价值,其背后的原则实为一切平等,更高的东西不复存在:"人人意欲平等,人人尽皆平等。"(《扎拉图斯特拉如是说》,前言 5)这导致哲学,甚至近似于哲学精神都难以存在,尤其是,民主精神形式终以"哲学"自居。对尼采来说,哲学在民主时代所深陷的这一巨大危险,是西方文明的根本危机所在。一种缺乏最高价值设定的文化,岂是一种文明?所以,尼采终生追索哲学在西方如何重新可能——柏拉图式的哲学。

《善恶的彼岸》常常被视为尼采最具有哲学意味的作品,也就意味着最"柏拉图化"(platonize)的作品。该书副标题为"一种未来哲学序曲",即为导论之意。尼采希望通过自己耗费心血写成的作品为未来哲学做准备,或者说为未来哲人的塑造而做准备,诚如施特劳斯所言,该书本身就是未来哲学的一种范例。① 而 1886 年 9 月 22 日,尼采致信忘年友人布克哈特(Jacob Burckhardt)称,《善恶的彼岸》"和《扎拉图斯特拉如

---

① 参施特劳斯,《注意尼采〈善恶的彼岸〉的谋篇》,林国荣译,载《柏拉图式政治哲学研究》,张缨等译,北京:华夏出版社,2012 年,页 234—256,尤其参页 236,页 255;Timothy W. Burns 对施特劳斯论文的评论,A New Perspective on Nietzsche's *Beyond Good and Evil*,载于 *Interpretation*,Vol. 39/3,2012 年秋,页 283—286。另参考夫曼和剑桥版的英译本 *Beyond Good and Evil* 前言:Walter Kaufmann 英译,NewYork:Vintage,1966 年;Judith Norman 英译,Cambridge:Cambridge University Press,2002。

是说》说的是相同的东西,但说法有所不同,很不相同"。① 其相同,依旧是对未来哲学、未来哲人的关切,或按柏拉图所言,是哲学的可能和哲学生活的可能问题(《王制》,496b—496e);而其明显的不同,则是叙述方式的差异。所谓未来哲人,根据尼采自认最为完美的《扎拉图斯特拉如是说》的描述,作为超人的扎拉图斯特拉就是这样的未来哲人之———但是,这是一个哲学性的文学形象,一种意象,而非惯常的哲学论说。扎拉图斯特拉下山的目的不是教育人们成为扎拉图斯特拉,而是像扎拉图斯特拉成为扎拉图斯特拉一样,成为其本人应该成为的自己。在理想的状态里,扎拉图斯特拉会和这样的人成为朋友,但这些人首先要成为他的"同伴":

> 我明白了:扎拉图斯特拉不愿对民众说话,而愿对同伴说话!
> 创造者寻求同伴,而非尸体,也非牧群和教徒。创造者寻求共同创造的人,他们是在新标牌上书写新价值的人。(前言,9)②

---

① 参朗佩特,《尼采的使命》,李致远、李小均译,北京:华夏出版社,2009年,页2。
② 尼采,《扎拉图斯特拉如是说》,黄明嘉、娄林译,上海:华东师范大学出版社,2008年,页49—50;译文依照德文,略有改动之处,不一一注明,Giorgio Colli 和 Mazzino Montinari 主编,《考订版尼采全集》(*Nietzsche Sämtliche Werke: Kritische Studienausgabe*),卷四,De Gruyter,1999年。

本质而言，在尼采看来，未来哲人最伟大的使命是"在新标牌上书写新价值"——这是与现代民主价值不同的新价值。但是，只有极少的同伴可以共同实现这样的使命。扎拉图斯特拉不是一下山就得出这个"新真理"。刚刚下山时，他满怀期待，对所有人教授"超人"的学说，也就是说，他期待现实世界成为一个哲人共和国——这实为一场启蒙迷梦，①但他很快就从政治现实中获得了否定的教训，这本身可以视为扎拉图斯特拉自我教育的过程。扎拉图斯特拉重新发现柏拉图的哲学与政治的张力，重新发现人的灵魂差异与哲学的本质关系。而从形式上讲，这个教训的核心是尼采将要发现的哲学写作(或者言说)艺术：

> 大凡写作风格的所有准则盖源于此：站得老远、保持距离、不准"入内"，也就是不让人懂；但另一方面又寻觅知音，让那些与我们听觉相似的人细听其心曲。(《快乐的科学》)②

这正是他所谓"不同的说法"背后所蕴含的基本理由，也

---

① 参康德，《回答一个问题:什么是启蒙?》，载于《康德书信百封》，李秋零编译，上海:上海人民出版社，2006 年，页 268—272；另参刘小枫、陈少明主编，《经典与解释 3:康德与启蒙》，北京:华夏出版社，2004 年。
② 尼采，《快乐的科学》，黄明嘉译，卷五，381 节，上海:华东师范大学出版社，2007 年，页 391。关于尼采写作技艺的语文学基础，参 James I. Porter，《尼采的修辞学》(Nietzsche's Rhetoric: Theory and Strategy)，载于 *Philosophy and Rhetoric* 27. 3 (1994)，页 218—244。

是《扎拉图斯特拉如是说》副标题中"为所有人又不为任何人"的应有之意。

从《扎拉图斯特拉如是说》前言的情节来看,他获得这个教训有两个戏剧原因:首先是市场民众的喧哗,其次则是扎拉图斯特拉收获了**索上舞者**为自己的"第一个同伴"。二者共同确定了扎拉图斯特拉传达自己教诲时"藩篱"内外的差别(同上)。但是,终《扎拉图斯特拉如是说》全书,扎拉图斯特拉只觅得这一位"同伴",却是一个死去的同伴,在这个意义上,《扎拉图斯特拉如是说》实为一部悲剧之书。① 一言以蔽之,在尼采以城镇和市场为喻的民主时代里,索上舞者这个人物悲剧的死亡传达出的核心意蕴在于,与古典时代的处境一样,哲学在现代民主社会中同样深陷危险之中,但是,民主时代的危险甚至更为险恶,死亡即是其最直白的象征——毕竟,苏格拉底似乎还有选择的可能。

索上舞者是谁?

"索上舞者"(Seiltänzer)是《扎拉图斯特拉如是说》前言中的关键意象,②但并非在《扎拉图斯特拉如是说》中方才出

---

① 《快乐的科学》卷四 342 则短论,也是最后一个短论,题为"悲剧开始了"(Incipit tragoedia),同上,页 318。
② 关于索上舞者在德国文化中的艺术形象,参 Janice McCullagh,《索上舞者:表现主义意象》(*The Tightrope Walker: An Expressionist Image*),载 *The Art Bulletin*, Vol. 66, No. 4(Dec., 1984),页 633—644。

现。早在1876年的笔记里,尼采就写过:

> 我们不妨思考一下索上舞者,杂耍者。——人总是有着激情:所以也有非常热情的民族,例如希腊人和意大利人,他们出于自身的情感或激情的艺术而得到快慰。(1876,23[142])①

根据这一最早的记录,尼采使用"索上舞者"这个表演意象,其要在于人出于自身的激情而行事。所谓激情,是"出于自身的激情"。扎拉图斯特拉在前言中反省了自己的政治教训之后,认为自己"发现一个新的真理"(前言9),关于这个新的真理首先是"我需要活的同伴,他们跟随我,只因他们愿意(wollen)跟随自己(selber)——到我要去的地方"。这里的"同伴"的意愿首先必须是跟随自己,然后才是跟随扎拉图斯特拉。这个新真理首先是扎拉图斯特拉对未来的同伴的一个基本要求:愿意跟随自己。这就是尼采非常强调的"成为你自己"。在这个最早的笔记里,尼采强调索上舞者之为索上舞者的自我激情的特征。尼采自传《瞧这个人》(*Ecce Homo*)的副标题:"一个人如何成其所是"(*Wie man wird, was man ist*)。这一行诗是品达第二首皮

---

① Giorgio Colli 和 Mazzino Montinari 主编,《考订版尼采全集》,前揭,卷八,页455。

托凯歌中的一句格言的改写:"成为你学会成为的那种人。"(行72)①这是尼采一直以来对哲学灵魂的首要要求。

扎拉图斯特拉这里得到的新真理,早在1876年就在尼采的头脑中有了最初原型,并且与索上舞者紧密相关。所以,索上舞者的首要特征是出于自我的意愿——这多少开始接近后来的权力意志。《扎拉图斯特拉如是说》借索上舞者而首先传达出这份意愿和激情——正是在索上舞者身上,扎拉图斯特拉看到一种属己的志向。在1959年名为"尼采的政治哲学"的课程中,施特劳斯曾经说卷一"论快乐和激情"一章标题实则应该是"论道德"。只是扎拉图斯特拉口中的道德,是他的新道德,是服务于未来哲学的要求:"你的一切激情终将变成道德。"(《论快乐和激情》)"我的兄弟呀,你要是走运,具备一种道德就够了:这样你过桥时就更加轻松。"也许,1876年笔记中的索上舞者,尚不清楚这种关联,但就彰显其出自本心的哲学爱欲而言,已经足够清晰。

---

① 参汉密尔顿,《幽暗的诱惑》,娄林译,北京:华夏出版社,2010年,页62。关于"成其所是"和尼采的关系,参 Babette E. Babich,《尼采之命令作为朋友的赞词》(Nietzsche's Imperative as a Friend's Encomium: On Becoming the One You Are, Ethics, and Blessing),载于 *Nietzsche-Studien*, Vol. 33(2003),页29—58,尤参页30—35;后经修改收于氏著,《鲜血写就的花样言辞》(*Words in Blood, Like Flowers: Philosophy and Poetry, Music and Eros in Hölderlin, Nietzsche, and Heidegger*), State University of New York,2006,页75—95,书的标题显然来自《扎拉图斯特拉如是说》卷一"论阅读与写作"一章。

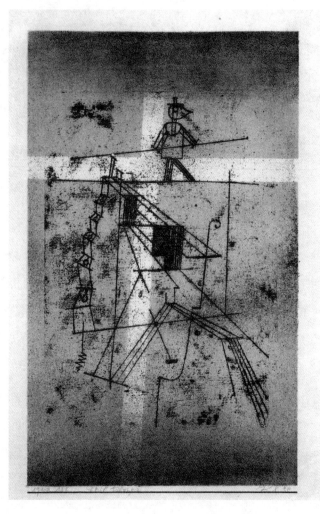

Paul Klee, *Der Seiltänzer* (1923), color lithograph,
17.38 × 10.63 in. (44.1 × 27 cm.)

这就是为什么我们在翻译 Seiltänzer 时一定要将"舞"字译出,而不能译为"踏软索者"或者"走绳演员"的缘故:因为舞蹈首先是一种哲学象征。扎拉图斯特拉下山时,山间隐居的基督教老圣人就说:

> 我认识扎拉图斯特拉。他目光净朗,嘴上没有恶心的表情。因此,他走路的姿态不像一位舞蹈者(ein Tänzer)吗?(前言 2)

舞者一词第一次出现时,是一位智慧的老者对下山的扎拉图斯特拉的形容。实际上,舞蹈是全书乃至于尼采惯用的一个关键意象。① 第二卷的《舞蹈之歌》是《扎拉图斯特拉如是说》中最优美也是最难懂的一节。第三卷有一章《另一首舞蹈之歌》,在那里,舞蹈与生活直接相关,与永恒复返和权力意志(尤其是最具精神的权力意志,即哲人的权力意志)有着更为根本的关联。②《快乐的科学》第五卷 381 节说得极为明晰:

---

① Waller Newell,《扎拉图斯特拉的舞蹈辩证法》(Zarathustra's Dancing Dialectic),载 *Interpretation*, Vol. 17/3, 1990 年春,页 415—432。
② 参朗佩特,《尼采的教诲》,娄林译,上海:华东师范大学出版社,2013 年,页 183。

> 一个优秀的舞蹈家向营养索要的不是脂肪，而是最大的柔韧性和力量。我不知道，哲人的思想所渴求的东西与优秀舞蹈家有何不同。舞蹈即是哲人思想的典范、技艺，也是它唯一的虔诚、"对上帝的礼拜"……

尼采直接将舞蹈等同于哲人的思考形式，那么，索上舞者的"舞者"一词自然暗示了他可能具有某种哲学特征。但索上舞者还有一个前缀：绳索（Seil）。什么是绳索？在《快乐的科学》卷四 347 节，尼采提到了什么是绳索：

> 这时，思想告别了任何信仰，告别了任何要求获得确定性的愿望，而习惯于以轻便的绳索和可能性（leichten Seilen und Möglichkeiten）支撑自己，即便面临深渊犹能舞蹈，这样的思想即为卓越的自由思想啊！

告别信仰意味着现代精神的确立，而告别确定性则意味着告别现代精神的哲学可能。尼采显然点明了现代境遇下潜在哲人面临的两个基本问题：第一，深渊，或谓存在的深渊，生活的深渊。后来海德格尔完全借用了深渊概念，并深究其与形而上学的关联，哲学的或者形而上学的奠基，就是"一种对深渊的不停逼问"。①第二,哲人面临存在深渊的哲学思考,海德格尔对康德的分析意在表明一种形而上学的奠基是基本本体论(Fundamentalontologie),但是,尼采却以绳索为喻,与海德格尔相同的是,比喻表明了面对存在深渊时,哲学思考之艰难,同时又以轻便的绳索上舞蹈来说明哲学之伟大。但是,深渊上的绳索这个意象,显然还有海德格尔遗漏的基本情状:危险。尼采在暗示一个根本的问题,哲学或者哲人的处境是极其危险的。在教授超人学说的前言第四节里,扎拉图斯特拉已经明言:

> 人类是一根绳索,系于动物和超人之间——一根悬于深渊之上的绳索。
> 一种危险的横越,一次危险的途中行走,一次危险的顾盼,一种危险的战栗与停驻。

在此处,扎拉图斯特拉仍然持有对所有人进行"启蒙"的幻觉;如果把扎拉图斯特拉其时的普遍判断"人类"变成后来

---

① 在《扎拉图斯特拉如是说》卷二关键的"舞蹈之歌"里,比喻化的生活说道:"尽管你们这些男人曾称我'深渊',或'忠诚'、'永恒'或'神秘'。"参海德格尔,《康德与形而上学疑难》,王庆杰译,第三章"投入深渊的形而上学奠基",上海:上海译文出版社,2011年,页120—193。另参 Tracy Colony,《深渊之前:阿甘本论海德格尔和生命》(Before the abyss: Agamben on Heidegger and the living),载于 Continental Philosophy Review,(2007) 40,页1—16。另参薇依的著名评论,柏拉图的"洞穴喻,是人类困境的可怕比喻"。《柏拉图对话中的神》,吴雅凌译,北京:华夏出版社,2012年,页170。

所谓的哲学"同伴",我们就能清楚四次重复的"危险"的意味。事实上,扎拉图斯特拉刚刚下山,隐居的老圣人就已经告诫了这种危险:"现在,你意欲携火进入山谷吗?你不怕纵火者的惩罚吗?"(前言2)纵火也罢,踏上绳索也罢,都可能带来死亡的危险。

既以绳索为喻,自然有张挂绳索的地方:"张在两塔之间、高悬于市场和群众上空的绳索。"(前言6)塔楼是我们容易忽略的细节。在《快乐的科学》第五卷356节提到了一种类型的塔:

> 阶级、职业、世袭的行业特权借助这一信念得以建立以中世纪为特点的社会高塔,这塔的坚固耐久性确也值得赞颂。(持久性在世上具有头等价值!)但是,也有与此完全不同的时代,即真正的民主时代。

塔当然是一个比喻。在习惯自由平等的现代观念看来,"阶级"、"特权"之类词语无比刺耳。但尼采要勾勒的是中世纪的两个特征:其一,恰与现代社会扁平的状态相反,这是一个有等级差异的时代,所以他紧接着就以民主时代为对比;①其次,这种等级的判定准则在于其坚固的持久性,本质上,真正具有持久这一特征的,当然是精神上的恒久。所以他随后说道:

---

① 另参《快乐的科学》373节。

目前,建设力量业已瘫痪,做长远规划的勇气累遭挫折,组织方面的人才匮乏。谁会斗胆去做几千年才能实现的工作呢?一个人要预计和规划未来,并为此而牺牲,只有作为宏伟建筑物上的一块砖才有价值,才有意义——这样的基本信念已经灭绝了!

很显然,尼采渴望的坚固并不是一成不变的某种石头建筑,而是历代为此而思索的人,这样"斯文不丧"的精神延续才是真正意义上的"塔"——但尼采认为,民主时代不需要也无力深入这种思考。因此,在《扎拉图斯特拉如是说》第四卷《论科学》一章如此称道扎拉图斯特拉:

我为寻求更多的安稳而来到扎拉图斯特拉身边。因为他依旧是最坚固的塔楼和意志。

扎拉图斯特拉是这样的塔。因此,悬挂在塔上的绳索就有两种含义,首先,绳索在高度上和塔是相同的,在绳索上的舞蹈表明了一种和塔雷同的哲学可能;其次,绳索事实上是依赖于塔的,塔的存在才是绳索上行走舞蹈的根本前提。① 两种含义都暗示了索上舞者超拔于深渊之上,确立价值的可能性。

---

① 另参《快乐的科学》280 节,尼采惯于使用建筑作为精神世界的比喻。

与塔相对应的,则是绳索下的市场和民众。市场象征着现代平庸喧哗的民主生活场景(详参第一卷"论市场的苍蝇"),而这根绳索悬挂其上。《扎拉图斯特拉如是说》一书中的高低位置,通常都表明智慧的高低意义,当然,唯有高者可以下降。这里很清楚地表明索上舞者的爱欲——用尼采的词语就是激情——品性之高,尤其是"群众上空"的补足说明,更加清楚地显明了这一点。所以,罗森说,索上舞者代表了人群和后期现代性中更高的抱负。① 后来,令索上舞者致死的小丑恐吓扎拉图斯特拉时说:"我明天跃过你,活人跃过死者。"那么,在小丑看来,索上舞者和扎拉图斯特拉具有类似的卓越。我们难以理解的是,同样也攀上高塔的小丑,为什么要置索上舞者于死地呢? 绳索之上虽然危险,但是令索上舞者坠亡的,不是抽象的危险性,而是具体的危险存在——彩色的小丑。

致死的小丑:民主时代的精神象征

导致索上舞者死亡的小丑,是一个凶狠的角色,对小丑最初的描述,却平白无奇:一个身着彩衣的年轻人(bunter Gesell)。很快,尼采就将他径直称为小丑:

---

① 罗森,《启蒙的面具》,吴松江、陈卫斌译,沈阳:辽宁教育出版社,2003年,页70。

他还未走出百步,便有一人悄悄溜到他的身边,对他耳语——瞧,这个耳语者就是在塔楼里的小丑!(前言8)

所以,若与索上舞者对应,这个小丑全称应该是:彩色小丑。扎拉图斯特拉在第一卷中停留之地恰是彩色的奶牛城(die bunte Kuh)。在柏拉图笔下,苏格拉底认为彩色是民主政制的鲜明的特征:

> [民主政制]可能是各种政制中最美妙的一种,绣有各色图案的披风,这种政制呢,饰以各种性情,看起来也是最为美妙,而且,许多人可能……像男孩子们和女人们那样,见到色彩缤纷的东西,就认定它是最美妙的一种政制。(《王制》,557c)

柏拉图将彩色的杂多视为民主政制的基本外在特征,尼采继承了柏拉图的比喻,也借这种彩色描绘现代民主社会的杂多肤浅。其借用最明显的就是"身着彩衣的年轻人",彩衣对应于"各色图案的披风",而年轻人对应"男孩子们",尼采不着声色,直接袭用了柏拉图的意象。何谓"彩色"?彩色的奶牛城是现代民主的基本生活场景,而彩色的小丑则是其基本精神。在《扎拉图斯特拉如是说》第二卷《论教化的国度》,尼采有更为清晰的叙述:

> 你们用五十种彩绘涂抹在脸上和肢体上:端坐于此,

这着实让我惊诧不已,你们这些现代人呀!

　　所有的时代和民族都从你们的面纱上流露出痕迹,可谓色彩斑斓;一切风俗和信仰都在你们的姿态上说话,亦是色彩斑斓。

　　你们好像是组合之物,由颜料和有粘性的纸条组合而成。

这个表述依旧是对柏拉图《王制》的模仿(557d5),尼采已经毫无遮掩地透露出民主时代的根本:你们这些"现代人"啊。尼采对柏拉图的借用清楚地表明:民主之为民主,不是一个时代问题,而是关乎生活方式这个根本问题。"彩色"在尼采这里,是对现代民主社会特征的一个基本描述,表面上看多姿多彩,实则毫无内涵:

　　谁扯掉你们的面纱和披肩,剥掉你们的颜色和姿态:剩下的东西,恰好够他惊吓众鸟。

由此可知,小丑的基本特征是色彩斑斓的现代人,一个民主时代的征象。[①] 但是,在这个现代民主社会之中,他又居于

---

　　① 关于尼采对民主的论述,参 Herbert Siemans 和 Vasti Roodt 编,《尼采、权力与政治:重新思考尼采的政治思想遗产》(*Nietzsche, Power and Politics: Rethinking Nietzsche's Legacy for Political Thought*),New York,2008 年,第二编。

高处,他比一般人高的地方何在? 第一卷"论市场的苍蝇"一章有几句极为关键的说法:

> 始有市场之处,那里亦始有伟大表演者的喧哗和毒蝇的嗡嗡之声。
>
> 民众罕能领会何谓伟大,此即:创造者。但是,对伟大事业的引献者(Aufführer)和表演者(Schauspieler),他们却颇有兴味。
>
> 世界围绕着新价值的发明者旋转:——其旋转却不可见。但是,民众和荣誉围绕演员们而旋转:这便是世界的运转。
>
> 市场充满庄重的小丑——民众却称他们为伟人!以为他们就是时代的主宰。①

两相对比,我们就会发现,即便在现代民主社会,"塔"或者这里"价值的发明者"仍旧是世界的本质,高低的差序并不因民主而丧失。但是,民主时代的民众只懂得认识表演者,也

---

① 《扎拉图斯特拉如是说》中关于这一点的描述并不在少数,比如:

有许多超越的途径和方式:这,你去看吧! 只有一个小丑在想:"人类也可以被跳越而过。"(第三卷,"论新旧标牌",第四节)

"小丑的胜利:在市场上,人以表情姿态使人信服。"(第四卷,"论更高的人")

就是彩色的小丑。因此,在他们看来,索上舞者其实也是一个表演者,一位与彩色的小丑没有区别的人物——在书中,更早发现索上舞者的,正是民众(前言3)。与索上舞者不同,小丑在现代民主社会颇受欢迎,是"民众的伟人",民众把他们称作时代的主宰。小丑的强项在于其表演,"以表情姿态使人信服";在于其言辞,所谓"辩证论者",①小丑通过表演和言辞取得了对民众思想的统治。尤其需要注意的是,小丑的动作是跳跃,这是与舞蹈截然不同的方式。舞蹈具有一种思想的美感,跳跃则是一个滑稽的动作。小丑除了跳跃这个动作之外,还有两点:他的言辞和胆量。对索上舞者的咒骂和恐吓,让索上舞者紧张不已。这表明小丑其实非常清楚,他在和索上舞者争夺民众精神的领导权,或者说,他尽量避免索上舞者对自己的统治精神产生威胁。索上舞者的坠落恰恰表明,小丑的胜利几乎是必然的,因为小丑本身就是一个现代的民主精神,他憎恶更高的东西,憎恶索上舞者,憎恶扎拉图斯特拉,憎恶"一切具有统治性和意欲具有统治性的东西"。

小丑的憎恶有两次集中呈现:其一是索上舞者之死,其二是夜间对扎拉图斯特拉的恐吓。他对索上舞者说:"你阻断了强于你的人的自由之途!"这种自由实则为每一种色彩的

---

① 在《偶像的黄昏》中,尼采这样说小丑:"辩证论者就是一种丑角:人们嘲笑他,人们不把他当回事。——苏格拉底是个让人把他当回事的丑角:这里究竟出了什么事?"《偶像的黄昏》,卫茂平译,上海:华东师范大学出版社,2008年。

自由。扎拉图斯特拉夜间出城时,小丑则进一步点名了民主政治对于扎拉图斯特拉的恐惧:"他们称你为大众的危险(die Gefahr der Menge)。"(前言8)这一"大众"正是扎拉图斯特拉说完关于超人与末人的演讲时,发出喧哗与快意的大众(die Menge,前言5)。超人与末人是精神品性的两极,是人的两种极端可能。但在大众看来,二者其实并无差异,而他们的笑声与喧哗表明,他们已经接近末人。就此而言,大众并不知道其中有什么危险的可能。可是,作为民众中的"苍蝇",能够发出喧嚷并站在高处的小丑,他们有智性、胆量而无灵魂,因此能够觉察出对他们来说最深刻的政治危险:扎拉图斯特拉及其教诲,有可能朝向扎拉图斯特拉高贵可能的索上舞者,将极大地破坏民主政制的思想根基。[1] 因此,现代民主政制思想的持有者在他们的现代民主社会里自称为"善良和正直的人……正统的宗教信徒"(前言8)。不过,在任何一个时代,持主流政治意见的人通常都自称良善,自诩正直。

因此,索上舞者从绳索摔落,导致这个致命行为的危险与其说是由于高空上的存在深渊,毋宁说是由于哲学在民主时代面临的特有危险:一种对最高精神可能的厌弃与拒绝。在尼采看来,倘若如此,哲学就不再可能。那么,索上舞者在《扎拉图斯特拉如是说》书中的危险坠落,恰恰可以作为对"读者"的告诫。

---

[1] 参朗佩特,《尼采的教诲》,前揭,页46—47。

索上舞者的死亡与"复活"

古丁-威廉姆斯在其最重要的著作《扎拉图斯特拉的狄俄尼索斯式的现代性》中,对索上舞者的形象作了细致的分析,大约是目前为止对这一形象最为详尽的阐释。他把索上舞者之死称为"叔本华式的悲剧"。① 威廉姆斯比绝大多数解释者敏锐的地方在于,他懂得尼采使用这些意象时,比喻的形象具有根本的重要性(页90)。在他看来,索上舞者喻指超人的可能性,或者说潜在的超人,而小丑则象征了末人或者第四卷中更高的人。而索上舞者的悲剧在于,他发现小丑已经穷尽了现在和未来的人的可能性,所以超人当下不可能,未来也不再可能(页91—92)。这就是叔本华式的悲剧。他似乎并不认为扎拉图斯特拉最终安慰了索上舞者。

我们不妨首先看扎拉图斯特拉自己如何回忆索上舞者。在第四卷"论更高的人"一章中,他回忆往事时说:

> 我首次来到人类之中,就做了一件隐士的蠢事,巨大

---

① 古丁-威廉姆斯(Robert Gooding-Williams),《扎拉图斯特拉的狄俄尼索斯式的现代性》(*Zarathustra's Dionysian Modernism*), Stanford: Stanford University Press, 2001年,页66—67,页79,尤参页90—95。另外,参Martha Kendal Woodruff 对此书的批评性分析,《苏格拉底与扎拉图斯特拉的悲剧性下降》(Untergang und übergang : The Tragic Descent of Socrates and Zarathustra), *Journal of Nietzsche Studies*, Issue 34, 2007,页61—78。

的蠢事:我置身市场。

当我对所有人讲话,我却没有对任何人讲话。晚间,索上舞者是我的同伴,还有死尸;我自己也差不多是具死尸。(第一节)

要而言之,作为现代精神更高的可能,第四卷中更高的人并不能被简单视为嘲笑的对象,"只有这些人被当作他们时代最优秀的人,扎拉图斯特拉所受的诱惑才有意义"。[①] 索上舞者在这一章第一节出现,意味其实非常明显,他首先是这个时代的"更高的人"之一。和这里一样,扎拉图斯特拉每次提到索上舞者时都用"同伴"(Gefährte)这个词语:"你冰冷而僵硬的同伴"(前言7);"我的同伴死了,我很难劝他从命"(前言8);"我突然明白了:我需要同伴、活的同伴——而不是死去的同伴,不是我可随意背走的尸体"(前言9)。什么是真正的同伴?本文开篇的引文已经说得明确:

创造者寻求同伴,而非尸体,也非牧群和教徒。创造者寻求共同创造的人,他们是在新标牌上书写新价值

---

① 朗佩特,《尼采的教诲》,前揭,页291。另据朗佩特所引,参芬克(Eugen Fink),《尼采的哲学》(*Nietzsches Philosophie*),页117。关于"更高的人"(höheren Menschen)的译法,或者译为"较高的人",但不能简单译为高人,其比较的性质必须得到强调:他们是高于时代中大多数人的现代精英。

的人。

同伴是能够共同创造新价值的人,一言以蔽之,有可能成为以自己的权力意志书写出新价值的哲人。

扎拉图斯特拉下山时自信地向众人宣说超人,而市场的遭遇不啻是当头冷水。但是,仅仅就这一点而言,扎拉图斯特拉很可能对所有的人绝望,他甚至可能听从老圣人的话,转而回到山顶洞穴,做"群熊中之一熊,百鸟中之一鸟"(前言2)。我们再借助第四卷"论更高的人"一章。在前文所引的那句回忆之后,扎拉图斯特拉接着说道:

> 伴随新的早晨来临,我接受了一种新的真理:我学会了说:"市场、群氓、群氓的喧嚣和群氓的长耳,与我有什么关系!"(第一节)

这只是新真理的一端。扎拉图斯特拉下山后,经过一天的辛劳,是夜沉沉睡去,第二天醒来,他"发现了一个新的真理"。这是"真理"一词第二次出现。第一次是索上舞者发现的新真理,而这次是扎拉图斯特拉。从比喻意义上讲,二者都获得了某种"哲学的进展"。第一次是扎拉图斯特拉帮助索上舞者获得的进展。而扎拉图斯特拉醒来发现的新真理,其实就是关乎"同伴"的真理:他的教诲必须教与同伴,而民众的耳朵是听不进去的。前言中唯一听进去的耳朵属于索上舞者。恰恰由于对索上舞者的临终安慰,教育了扎拉图斯特拉领悟到事情的另一面,除了知道不可教之人,还必须发现甚至创造可教之人。在这个意义上,扎拉图斯特拉获得的新真理,正是索上舞者的生命和临终的安慰给扎拉图斯特拉的启示,也就是说,索上舞者之接受扎拉图斯特拉的教诲,帮助扎拉图斯特拉了解到这个新真理。或者说,扎拉图斯特拉对索上舞者的临终安慰,令这个形象以一种新的方式"复活"。坐在索上舞者尸体边时,扎拉图斯特拉对自己内心说:

> 我要向人们教授生存的意义:这意义就是超人,是乌云里的闪电。
>
> 可我离他们尚远,我的意义与他们的意义不能沟通。在他们看来,我仍是介于傻子和死尸之间的人。
>
> 黑夜沉沉,扎拉图斯特拉的道路也是黑沉。来吧,你冰冷而僵硬的同伴!我要背着你,到我亲手葬你的地方。

与民众之间不能"沟通",这就弃绝了下山时持有的启蒙梦想。① 这一小段话出现了三种人:众人、扎拉图斯特拉和同伴。一旦同伴成为同伴,就只有两类人。扎拉图斯特拉清楚懂得自己与民众不可沟通,但与这位同伴可以沟通。同时,这

---

① 参 Paul Franco,《尼采的启蒙:中期的自由精神三联剧》(*Nietzsche's Enlightenment The Free-Spirit Trilogy of the Middle Period*),Chicago:The University of Chicago Press,2011 年,页 159—160。

恰恰是全书中第一次出现同伴(Gefährte)的地方,这就是说,扎拉图斯特拉清楚将索上舞者视为同伴,也正是由于这样的态度,他才最终得到新真理,从而开启整部《扎拉图斯特拉如是说》的新教育。因此,问题的关键就是:扎拉图斯特拉如何给索上舞者以临终的安慰?他又如何接受了这份安慰?

当索上舞者从高空坠下,人群四散——这恰恰是民众对危险的逃避态度,与他们相反,"扎拉图斯特拉站在那里未动,那身体恰好跌落在他身边"(前言6)。面对这个濒死的高贵者,扎拉图斯特拉给予慰藉。索上舞者起初以为自己的死亡是由于"魔鬼"的缘故,他以为自己要下地狱。由于上帝仍旧活着,所以魔鬼和地狱才有可能。但是,开篇扎拉图斯特拉就已明确说过上帝已死,只有隐居山林的老圣人暂不知情。那么,索上舞者呢?根据《快乐的科学》题为"新的战斗"的短论所言,"上帝死了。依照人的本性,人们也会构筑许多洞穴来展示上帝的阴影的,说不定要绵延数千年呢"(卷一,108节)。上帝虽然已经"死亡",但是,

> 这事件过于重大、遥远,过于超出许多人的理解能力,故而根本没有触及到他们,他们也就不可能明白由此而产生的后果,以及哪些东西将随着这一信仰的崩溃而坍塌。(卷五,343节)

扎拉图斯特拉要拯救这位依旧活在上帝阴影之中但精神

高贵的人,所以他告诉索上舞者:"没有魔鬼和地狱,你的灵魂将比你的肉体死得更快:什么也别怕!"索上舞者称此为"真理"。

这个无神论的新真理却让索上舞者担心,倘若如此,自己和动物还有什么区别?人岂不是动物中的一种而已?这是全书第一次出现"真理",索上舞者敏锐地感觉到扎拉图斯特拉无神论的真理可能带来的虚无主义后果:人与动物没有区别,不但人与人之间完全平庸等同,甚至人与动物之间也不再有根本差异——这仍旧是对柏拉图的模仿(《王制》,563c5)。这份敏锐最为清晰地敞露出索上舞者的哲学嗅觉。扎拉图斯特拉断然否定了(Nicht doch)这一点,进而给出进一步的慰藉:

> 你在危险中从事你的志业,这不可轻蔑。现在,你因你的志业而毁灭:因此我意欲亲手将你安葬。

从最粗浅的程度上说,正如尼采在笔记中第一次提到"索上舞者"的形象,他的舞蹈本身,他的思考本身就是他的人生意义,他的意义恰恰来自自身的激情,自己亲历的生活。① 即如《舞蹈之歌》中扎拉图斯特拉所言:"我根本上只爱

---

① 参 Robert C. Solomon,《尼采的德行:一种个体追求》(Nietzsche's Virtues: A Personal Inquiry),收于 Richard Schacht 主编,《尼采的后道德主义》(Nietzche's postmoralism: essays on Nietzsche's prelude to philosophy's future), Cambridge: Cambridge University Press 2001, 页 123—148。

生活。"但是,这种说法近乎同义反复。根本要害是,这种属于他自己的生活究竟是怎样的生活?这就是志业(Beruf)一词的意义。以危险为志业,因此而毁灭。危险是扎拉图斯特拉说的从人朝向超人必然承担的命运。索上舞者以此危险为志业,就是说他的一生是为了更伟大者而生、而死。扎拉图斯特拉在他身上看到高于民主时代精神的高贵品味,这才是索上舞者不再说话的原因,他得到了答案。因此,"他摇动只手,似乎在寻找扎拉图斯特拉的手,以示感谢"。

《快乐的科学》第五卷完成于《扎拉图斯特拉如是说》成书之后,而开篇的第一条格言名为"我们欢乐的含义",所谈的问题恰恰是"上帝死了"之后,现代社会中"我们这些哲人和自由精神们"如何再度起航:

> 我们的航船再度起航,面对重重危险;我们再度在知识领域冒险;我们的海洋再度敞开襟怀,如此开放的海洋堪称史无前例。

这也是《善恶的彼岸》第一条格言重申的话题:一个最大的冒险。而最早在这个海洋中得到安慰的,在冒险中完成自己生命的,正是索上舞者。这样,他的死亡就是后来扎拉图斯特拉所说的"自由地死":

> 我的朋友们,你们的死可不要造成对人和大地的亵

渎:从你们的灵魂甜蜜里,我请求你们得到这样的死。"("论自由地死")

这一自由的死,却又成为索上舞者精神的"复活"。

但是,从《扎拉图斯特拉如是说》全书来看,它之所以是一部悲剧之书,是因为纵观全书,扎拉图斯特拉再也没有收获到一个真正的同伴,他只收获到这位死去的同伴;还收获到许多跟随他的门徒。可是门徒首先就不符合他在前言第九节中的首要条件:"只因他们愿意跟随自己——到我要去的地方。"他们是在跟随扎拉图斯特拉,但没有发现自己,连这个死尸的程度都没有达到。在这个意义上,索上舞者不但是第一个同伴,悲哀的是,他还是扎拉图斯特拉唯一的同伴。前言第九节中的振奋之辞,最终沦为失望——这与其说反映了扎拉图斯特拉之无力,不如说反映了以小丑为代表的民主时代精神之强大。

然而,尼采毕竟不是扎拉图斯特拉。尼采是扎拉图斯特拉和索上舞者的形象的创造者。这就意味着,比起书中人物,我们作为读者具有反复仔细阅读这部哲学诗歌的特权,也就是说能够更加深入文本。从整部书看,扎拉图斯特拉收获的这个唯一的同伴虽然唯一,但是潜在的读者如果能够借助这个人物而与扎拉图斯特拉一道,共同经历其后的教诲,那么,这个死去的同伴就可以在精神上重新复活,从而真正成为尼采的同伴。这是意象这种"不同的"表达方式所具有的灵活与精神直觉。①

所以,还是在"论更高的人"的第一节,扎拉图斯特拉说自己愚蠢地置身市场时,说了一句非常关键的话:"当我对所有人讲话,我却没有对任何人讲话。"众所周知,《扎拉图斯特拉如是说》的副标题无比含混:一本为所有人又不为任何人所写之书。全书仅有两处文本与这个副标题对应,这是第二处。需要注意的是,紧随这句话之后,便是对索上舞者的回忆。第一处出现在第四卷"最丑陋的人"一章,最丑陋的人对扎拉图斯特拉说:

> 你警告他的错误,你是针对同情最早提出警告的人——不是所有人,不是任何一个人,而是你自己和你这一类人。

据说,最丑陋的人其实是对苏格拉底的讽刺。② 无论这

---

① Peter Gasser 的博士论文《修辞哲学:尼采〈扎拉图斯特拉如是说〉中的意象言辞》(*Rhetorische Philosophie*: *Leseversuche zum metaphorischen Diskurs in Nietsches？ Also sprach Zarathustra？*, Peter Lang, 1992)专门谈论《扎拉图斯特拉如是说》如何以比喻意象传达其哲学思考,尤参最后两章:"喜剧作为哲学的自我展现"(Philosphische Selbstdarstellung als Parodie);"修辞术与哲学"(Rhetorik und Philosophie)。

② Weaver Santaniello,《扎拉图斯特拉的最后晚餐:尼采的八个更高的人》(*Zarathustra's Last Supper*: *Nietzche's Eight Higher Men*), Aldershot: Ashgate Publishing, 2005,页 43 以下。另参 Julian Young 的评论 Review of *Zarathustra's Last Supper*: *Nietzsche's Eight Higher Men*,载 *Ars Disputandi*, Volume 7(2007)。

个论断是否恰当,最丑陋的人的确见识过人,他准确地发现了"所有人"和"不是任何一个人"之间的关联:必须找到"你自己和你这一类人"。① 倘若有和扎拉图斯特拉同类的人,《扎拉图斯特拉如是说》就不再是不为任何人而作,而是有所指向。而索上舞者,恰恰就是这样一个同类者。倘若有读者于此能够有所领会,则索上舞者可死而复生,就可以避免哲学在民主时代面临的巨大危险,这本书也就不再是不为任何人而作,而是为"你这一类人"而作。

---

① 非常巧合的是,与同伴(Gefährte)词形非常接近的德文单词败坏(Gefährde),甚至发音都难以区别。

一、柏拉图《王制》中的民主批判

柏拉图的政治思想,"从本质上来说就是反对民主政制的原则"。① 但是,他对民主政制的批评,却成为西方现代哲学理解柏拉图哲学的根本困境之一:同意他的批评意味着对现代基本政治信念的背离,这会让人在现代社会成为彻底的"不合时宜者"——思想上和政治上的"不合时宜者";如果拒绝他的批评,又如何能够坦然接受柏拉图的其他思考呢? 因为,如果柏拉图在基本问题上都弄错了,他又怎么可以被称为西方最伟大的哲人之一? 阅读他的价值仅仅在于反证现代价值的正确? 或者就像研究古代城砖或现代废墟一样,不过是一种学术的随机"志趣"? 聪明的学者尝试将柏拉图的思考

---

① 内莫,《民主与城邦的衰落》,张竝译,上海:华东师范大学出版社,2010年,页129。参斯科菲尔德,《柏拉图:政治哲学》,柳孟盛译,北京:华夏出版社,2017年,页40。

进行"民主化"的处理,①但这显然有违基本的阅读常识,也有违基本的哲学常识:柏拉图在《王制》(旧译《理想国》)卷六中说得非常清楚,哲学要尝试把握"永恒之物"($ἀεί$,484b4),②而不是"民主化"的短暂滞留。

柏拉图每部作品几乎都持有对民主政制的批评,即便在学界所谓的早期柏拉图不那么反民主的《申辩》当中,苏格拉底在根本的知识论上也是反民主的:民主政制的"知识和技艺,也不为多数人掌握"(《申辩》,25a—b),③也就是说民主政制的政制原则和技艺就其本身而言,并非民主政制诉诸的主体民众所能掌握。《普罗塔戈拉》中说得更加明白,政制必须以德性或者能力为基础,可是,

即便我们最智慧、最优秀的城邦民,也不可能把自己具备的德性传授给其他人。(319e4)④

《高尔吉亚》批评了民主政制式的统治者忒米斯托克勒斯、伯利克勒斯,但是,没有任何一部柏拉图作品像《王

---

① C. J. Rowe,《杀死苏格拉底》(Killing Socrates: Plato's Later Thoughts on Democracy), in *The Journal of Hellenic Studies*, Vol. 121 (2001), pp. 63—76; p. 74。另参斯科菲尔德,《柏拉图:政治哲学》,页110—111。

② 下文所引《王制》译文参王扬译本《理想国》,北京:华夏出版社,2012年。另参史毅仁译本,未刊稿。

③ 郝兰,《政治哲学的悖论》,戚仁译,北京:华夏出版社,2012年,页103。

④ 刘小枫编译,《柏拉图四书》,北京:三联书店,2015年,页65。

制》这样，如此激烈地批评民主制。① 这种激烈却非极端，因为它根据这种政制的本质主张来判断这种政制，而不是对某个现实的制度形式进行评判——无论是雅典民主政制、法国的民主政制或者美国式的民主政制。② 即，我们应该根据每一种政制自身所以为的美好来判断这种政制：这种政制宣称的"美好"是真正的美好吗？因此，《王制》对民主政制的批评，就和对荣誉制、寡头制和僭主制的批评一样，都是以最佳政制——理想城邦——的思考为前提，也就是说，以对什么是真正的美好生活的追问为前提。

佩莱坞港与克法洛斯：
《王制》的民主政制背景

不过，与荣誉制、寡头制和僭主制的批评不同，《王制》作为一篇哲学对话，却以民主政制生活为其基本背景。这当然意味着，在四种退化政制中，民主制需要特别留意。对话发生

---

① 罗伯茨，《审判雅典——西方思想中的反民主传统》，晏绍祥等译，吉林：吉林出版集团，2011年，页109—110。
② 参 G. M. Mara，《修昔底德与柏拉图的城邦对话》(*The Civic Conversations of Thucydides and Plato. Classical Political Philosophy and the Limits of Democracy*)，Albany, NY: State University of New York Press, 2008, p. 229。另参巴迪欧，《柏拉图的理想国》，曹丹红、胡蝶译，郑州：河南大学出版社，2015年，页500—501。

地为佩莱坞，一座商业港口城市，而柏拉图首先描述的，是这个港口的宗教情形。

根据对话转述，苏格拉底所以"下到"佩莱坞港，本意并不是要参与一场关于何为正义的彻夜长谈，而是为了向"那位女神祈祷"，同时"观察他们怎么举行那个节庆"（327a）。这显明了苏格拉底政治和哲学的双重视角，一个总体上指向格劳孔的双重视角，因为苏格拉底之"下到"佩莱坞，是陪同格劳孔而来——我们庶几可以理解为一场针对格劳孔的个人教育。但是，这个女神是谁呢？乍一看，似乎是雅典或者佩莱坞的某个本地神，但其实是本迪斯女神，一个忒腊克（Thrace，旧译"色雷斯"）地方的狩猎女神。一直到第一卷快结束的时候，才借由忒拉旭马霍斯之口点名，这是庆祝本迪斯女神的节日（354a10）。但是，雅典本地有阿尔忒弥斯为其狩猎女神，"那个女神"的说法却已经表明，这位女神在佩莱坞几乎无异于本地神了，沃格林敏锐地观察到：

> 雅典和忒腊克在佩莱坞港找到了它们共同的等级地位。

因为佩莱坞港纪念本迪斯的庆祝会的特色是，参加者身份平等。苏格拉底看不到参加游行者有什么身份上的差异；苏格拉底当时所在的社会已经达到了人性同一的水平。①

对女神的祈祷和庆祝游行当然是城邦礼法与生活方式的重要呈现，参加者的身份平等基于异邦神与本邦神的平等，而不同神明之间的平等必须基于一个更大的前提：宗教平等的政治理念和现实。也就是说，宗教平等必须基于更普遍的政制事实——民主政制，因为只有民主政制把平等"不加区别地给予平等的人和不平等的人"（558b5），本邦神与异邦神之间，人与人之间，甚至于人与动物之间，各自持有的生活方式都是平等的。

巧合的是，《法义》正以"神"开篇：

> 神（Θεός）还是某个人，异乡人啊，对你们来说，才是安排礼法的起因？

回答者关于神的肯定回答，并不意味着神直接为人间政治立法，而是说政治秩序或者法必然具有神学政治的性质。柏拉图在《王制》行文伊始，②就已经暗示——或者明示了雅典政治生活世界的首要特征：平等。宗教礼法的平等说明这种政治平等不但成为普遍常识，也成为凌驾于雅典和其他异

---

① 参沃格林，《〈王制〉义证》，收于刘小枫主编，《〈王制〉要义》，张映伟译，北京：华夏出版社，2006年，页174。
② 参拉尔修，《名哲言行录》，3.37。

邦神之上的最高"法律缘由",或谓新的"民主女神",此即雅典民主政制的政治神学。这种平等当然也意味着自由,意味着选择不同生活方式的自由。《王制》开篇的民主政制以平等开始,①其中蕴含自由之意,而在第八卷详细谈论民主政制时,则又以自由为首要前提,平等植根于自由。这在最简单的层次上意味着一种认识的上升。若依沃格林所言,即苏格拉底参与后的《王制》中的交谈共同体

> 因为表现为以苏格拉底为中心的等级结构,从而就具有了实质内容。苏格拉底的秩序取代了佩莱坞港人人平等的秩序。(页180)

整部《王制》就是要从这种平等的民主政制现实出发,一步步朝向苏格拉底对话构造的精神秩序。柏拉图以佩莱坞港作为《王制》的对话发生之地,首先展示此地的民主生活方式,再由此上升,正是苏格拉底惯常的哲学与政治教诲。不过,作为《王制》的背景,佩莱坞港的意义可能不仅于此,因为倘若如此,就哲学意义而言,由于现实的残缺本质,任何一个地方都可以作为由之向哲学出发的起点,而未必

---

① 托克维尔的《论美国民主》开篇所述,是他在美国看到的基本政治事实,"我越来越把身份平等视为一种源发事实,每个个别事实似乎都从此产生"。参马南,《民主的本性——托克维尔的政治哲学》,崇明、倪玉珍译,北京:华夏出版社,2011年,页56,页84—92。

必然是佩莱坞港。其中缘由或许仍旧与这个港口的"宗教神学"有关。

在沃格林看来,开篇的"下到"首先暗示了与荷马的关系:"我下到冥府,为自己,也为同伴,探听回归的路程。"(《奥德赛》,23.252—253)佩莱坞显然就是冥府的某种对应。这当然只是比喻,比喻的核心在于:

> 单个灵魂之间的平等,以及它们无实质内容的自由,把我们从神话的地府中带回到佩莱坞港这个地府中。(页179)

平等已如前所述,这种平等者之间的自由,可以平等信仰各种不同神明的自由,在沃格林看来,只是一种"无实质内容的自由"。[①] 沃格林由此出发,强调《王制》的哲学上升。这当然也是《王制》的应有之义,但放到开篇的背景来说,我们或许更需要强调,佩莱坞港的生活方式如同一种冥府般的死亡,但是什么意义上的死亡? 不仅仅是人的死亡,更是最高的哲学可能的死亡,这也正是尼采在《扎拉图斯特拉如是说》前言呈现的巨大危险。《王制》开篇的民主制首先呈现的是神学平等,但是恰恰是神学平等造就了冥府,也就是真正神性的丧

---

① 参刘小枫,《柏拉图笔下的佩莱坞港》,收于《王有所成》,上海:世纪文集出版集团,2015年,页47—49。

失,而这种丧失不独是政治生活品质的下降,更导致最高精神可能变得不再可能的危险。①

因此,佩莱坞这个繁荣自由的港口,实为"雅典民主的标志",②其标志之一即在宗教平等与自由,另一个标志则是异邦商人克法洛斯。《王制》中彻夜长谈的场景就是克法洛斯的家。他的儿子玻勒马科斯是这场对话得以发生的直接动因,如果不是他强行邀请,后面的故事就不会发生。③ 但是,在苏格拉底与众人开始讨论正义问题之前,他与克法洛斯有一段篇幅不短的交谈,正是这段交谈引出了正义这一全书中最根本的主题。

克法洛斯是一个富裕的商人。根据后文苏格拉底构建城邦的原则,城邦中人务必各司其职,但每一种人的劳动成果必须互相交换,这样城邦的共同生活才有可能,所以苏格拉底说,正是这种交换和"合作",才能够"建起这个城邦"(371b5);而一旦城邦和城邦之间发生关联,就需要更多的产品交换(371a5)——只是城邦之内的叫买卖人,他们多是身体衰弱者(也就是说,这个行业虽然必需,似乎很难让人敬重),而在城邦之间游走的,便是商人。这就是说,无论从城

---

① 尼采在《道德的谱系》中将这种神性与哲学可能以"禁欲主义"名之,正是在这一点上,尼采尝试开启民主时代的上升之途,参第三章"禁欲主义理念意味着什么",尤参27节。

② Leo Strauss,《城邦与人》(*The City and Man*), The University of Chicago Press, 1964, p.62.

③ 参刘小枫,《柏拉图笔下的佩莱坞港》,前揭,页52—58。

邦内部还是从城邦之间来说，商业活动都是城邦的一种基本行为，因为它最突出地体现了人与人之间的相互关联。伯纳德特在谈到这一点时认为：

> 苏格拉底想把诗人和父亲从自己设想的理想城邦中排除，但是他不能排除商人……即使他们不能全心全意地热爱城邦，城邦也不能缺少他们。①

不过，"在统治得正确的城邦里，他们[商人]往往是那些身体弱又干不了什么其他工作的人"(371c5)。这并不一定是某种实指，更意味着商人在政治秩序中处于更低的位置。但是，克法洛斯却非如此，无论是身体还是在雅典的政治地位，都远非这样的商人可比。对比苏格拉底构建的城邦，这自然意味着，克法洛斯所在雅典城邦就不是"统治得正确的城邦"。即便克法洛斯在谈话中谈到雅典人忒米斯托克勒斯，谈到雅典诗人索福克勒斯，但他并不是雅典人。正是在这个意义上，朗佩特认为，克法洛斯的政治性其实既不传统也不纯粹，他献祭与崇拜的神必定充满了异邦色彩。② 异邦商人具有的卓越地位，正是雅典民主帝国当时的商业特征之一，尤其是，针对

---

① 伯纳德特，《苏格拉底的再次起航》，黄敏译，上海：华东师范大学出版社，2017年，页13。
② 参朗佩特，《哲学如何成为苏格拉底式的》，戴晓光等译，北京：华夏出版社，2015年，页283。

雅典当时的政治情形而言,这一类掌握财富和权力的人,恰恰是城邦政治结构中的关键人物。我们可以说,只有在民主政制的雅典社会,克法洛斯才可能取得如斯的经济和政治地位。

但民主雅典为克法洛斯带来的,不止于此。克法洛斯见到苏格拉底,很热情地与他打招呼,但人们通常忽略的是,克法洛斯在对苏格拉底进行描述时,最早重复使用了《王制》开篇那个重要的单词:

> 苏格拉底啊,你不常下到($καταβαίνων$)佩莱坞来看我们。

无论克法洛斯是否自知,柏拉图显然在笔法上构筑了这一层对应:哲人苏格拉底之下到佩莱坞港口。这也就是说,开篇的克法洛斯在许多层面上对应着苏格拉底。

"下到"一词,几乎专属于哲人(511b,516e)。关于这种哲人的下降,苏格拉底有个更加清楚的说法:

> 你们必须下降($καταβατέον$),每人都得轮到,下降到其他人的普通境地,还要熟悉与他们相处去看那黑暗的东西。(520c)

《王制》中极其核心的问题,也在这个词语身上展露无疑。克法洛斯是除了苏格拉底之外,唯一使用"下到"

(καταβαίνω)一词的人。克法洛斯看起来显然懂得苏格拉底的哲人身份,似乎也懂得哲人下降的意义,这也就是说,当克法洛斯开口之际,就再次确立了《王制》中关于哲学与政治(城邦)关系的核心意义。克法洛斯随后仍有暗示。他继续对苏格拉底说道:

> 假如我还很硬朗,能轻轻松松走进城,就用不着你到这儿来啦,我们会去看你的。可现在,你得多上这儿来呀!……现在像我说的那样做吧:跟这些年轻人在一起,但要经常到这儿来看我们,就像看朋友和你自己的亲人一样。

苏格拉底所以应该常下到佩莱坞,是因为克法洛斯的身体已经不再硬朗。克法洛斯当然是在说实情,他的确已经衰老——正如苏格拉底所见。可是,因年老而身体不佳的是克法洛斯,但苏格拉底应该来看的是"我们"(ἡμῖν),而不是"我";而且,如果"我"身体硬朗的话,进城去看苏格拉底的却是"我们"(ἡμεῖς),尤其是,克法洛斯还特意强调了"我"(ἐγώ)——我们知道,在希腊语里,主语"我"通常附着在动词之上,一般无需出现,而出现时则经常表示强调。表面上,身体不好的是克法洛斯,可是,这怎么成为"我们"不去找苏格拉底的理由呢?其他身体健康的年轻人,完全可以进城寻找苏格拉底。而且,"我们"究竟是谁呢?只是指他们父子还是另有意蕴？克法洛斯在给完这些理由后，再次发出请求，"现在像我说的那样做吧：跟这些年轻人在一起，但要经常到这儿来看我们，就像看朋友和你自己的亲人一样"，着意强调了这些在场的年轻人。那么，这个"我们"实际上是两类，一是克法洛斯，一是其他在场的年轻人。克法洛斯劝诫苏格拉底下城，并非为了让苏格拉底教育自己——我们姑且不论他无法接受教育还是无需接受教育——而主要是教育年轻人。

这便是哲人和城邦中年轻人最密切的关系，在克法洛斯看来，哲人从他的哲学世界中下降，对城邦中的年轻人进行教育，是哲人的应有之责。可是，苏格拉底"不常"下到此地，恰恰显示出他和克法洛斯的区别：他比克法洛斯更加懂得哲学的界限，或如古人所言，"礼闻来学，不闻往教"。然则这里的关键问题在于，克法洛斯为什么会有哲人应该常常来教育年轻人的观念？在苏格拉底来到之前，克法洛斯家的"哲学教育"已经持续了一段时间，大家围绕着忒拉旭马霍斯，这位智术师一定已经教育这些年轻人一段时间了。这已然暗示，克法洛斯常常在家中组织这样的哲学会饮，苏格拉底自己说，"我有一阵没看到过他[克法洛斯]了"，但这并不妨碍克法洛斯家中的哲学谈话，而他邀请的当然也就是当时人所称许的哲学教师，各种类型的智术师们。也正是由于这些智术师的哲学教育，克法洛斯才持有了这样的哲学教育观念。这正是民主雅典的知识风气。而且，克法洛斯的邀请表明，在他的眼中,苏格拉底和忒拉旭马霍斯或者普罗塔戈拉并无差别。这种哲学和智术之间的平等,更是《王制》的对话前提,在这个意义上,《普罗塔戈拉》或许是《王制》最为重要的前言。

民主政制:衰败与产生

《王制》就民主政制本身所论,除了民主政制与这种类型的人的关系之外,只有两个关键问题:一是民主政制的产生,一为民主政制的"自由"特征。民主政制的产生,不是一个独立话题,而是在政制衰败的大背景中谈论的一种衰败形式。如此描述的民主政制的产生,未必符合历史的实情,即如吉尔(Christoph Gill)所言,其实是据理论原则进行推演,[1]也就是苏格拉底所说的"完全相同的方式"(550e5)。比如,"在这种政制中,难道你没见过有人被判处死刑或流放,竟像没事人一样照旧在人群中来来往往?"(558a)这样极其放肆的情形,至少不是苏格拉底被判处死刑之后的状态。

在《王制》的背景里,理解民主政制的产生,首要的前提问题是,为什么政制必定衰败?习惯现代政治学说的人,更容易接受政制会越来越好的进步论调。《王制》中构建了一个理想城邦,而据布鲁姆观察,苏格拉底所以把最佳政制置于首

---

[1] Christopher Gill,《亚特兰蒂斯故事的类型》(The Genre of the Atantis Story), in *Classical Philology*, Volume 72, Number 4 Oct., 1977, pp. 287—305, p. 304.

位,"是为了使对智慧的探求显得不与赞同祖传事物的政治偏见相冲突"。① 从形式上看,苏格拉底构建的理想城邦的确如同父亲,不过,最佳政制本身是哲学对话的结果,而非真正的祖传之物。但这不是这里的关键,此处要害在于,无论是理想城邦中的最佳政制,还是现实政制,为什么总是处于衰败的情形? 根本原因在于:

> 古人否认了永久状态的可能性,并认为政制衰败和革命是政治生活中极为棘手的一部分。关于这个问题,思想的现代性转向是从十七和十八世纪的霍布斯、洛克、康德开始,直到十九世纪以黑格尔法哲学趋于顶峰。②

古典文明大抵持有相同的看法。李士鉁《周易注》在解释《泰卦》上六爻辞时说:"极泰之世,必当变通振作,以祛其弊。若贞而不变,狃于长治久安,事皆堕坏于泯泯之中而不之觉,则吝矣。"(续四库本)无论是苏格拉底在对话中建立的"极泰之世"之邦,还是现实政治世界里秩序相对良好的政制,都必然衰败,这是政治生活的本然属性。

事实上,在谈论政制衰败之前,苏格拉底首先提到政制的

---

① 布鲁姆,《人应该如何生活》,刘晨光译,北京:华夏出版社,2009年,页174。
② 克劳斯,《孟德斯鸠论政制衰败》,曹天鹏译,收于拙编《经典与解释43:孟德斯鸠论政制衰败》,北京:华夏出版社,2015年,页90—91。

维持,虽然以否定的方式:

> 我们来试着谈谈荣誉制以何种方式发源自贤良政制。或者,难道情况仅仅是这样,每种政制的变化都部分源自统治阶层——他们中出现内讧($στάσις$)——然而,只要他们团结一心,政制就不会变动($κινηθῆναι$),哪怕构成统治阶层的人数如此之少?(545d1—5)

苏格拉底没有完全否定政制长治久安的可能性,正如哲人-王的理想城邦也有其逻辑上的可能性,但是逻辑的可能性更意味着理念原则而非政治现实,即便有人步出洞穴,但当他再度返回,必然面临的依旧是黑暗和正义的影子(517d5),因此衰败就近乎必然:

> 既然对于万事万物来说,有诞生就有衰亡,那么,即便这样构建的城邦也不会永存;它也会解体。(546a)①

"这样构建的城邦",是苏格拉底同对话者构建的理想城邦,但是,政制既然不是不生不灭的自在之物,就必然腐化消灭(《斐德若》,245d—e),天然具有腐败或者堕落的危险。即便《王制》中设想的哲人-王政或者贤良政制,如果没有得到

---

① 对比《蒂迈欧》41a—b。

最好程度的维持，也会衰败——甚至由于历史周期的缘故而一定衰败（546b—e）。而在诸种衰败的政制当中，民主制就是其中之一。理解这个前提，对我们理解柏拉图关于民主政制分析的要点在于：民主政制本身是一种"衰败"的政制。这是民主政制在柏拉图笔下的首要特征，既然是衰败，当然就没有什么值得追求的意义——至多只有不得不在其中生活的意义。从柏拉图的视野来看，就绝非如斯科菲尔德所言，"民主思想和实践的发明可能是古代希腊留给现代政治的最大遗产"。①

以最佳政制作为衡量，则民主政制必然是一种衰败，也必然是人类不完满的政治生活的一种可能，具体到《王制》的文本，民主政制这种可能性的产生则发端于寡头制。苏格拉底首先如此描述这一衰败过程：

> 从寡头制到民主制的转变，是不是以这样的方式发生：由于寡头制永远不会满足于为自己攫取的财富——想拥有尽可能多的财富？（555b）

苏格拉底认为占有财富的欲望是这种衰退的直接原因。而对财富不知满足的占取，则是寡头制的政制根基，寡头制挑选其"舵手"的原则和制定的法律都只是以财富为原则

---

① 斯科菲尔德，《柏拉图：政治哲学》，前揭，页41。

(551c4,551b1—5)。苏格拉底花了不短篇幅谈到寡头制的五个缺点(551c—552b),但无论哪一种,根本上来说,都植根于不知节制的财富欲望。为了更加形象集中地表现这种欲望,苏格拉底选用了一个意象:雄蜂。为雄蜂般的欲望(554b5)所宰制的人们,是城邦之瘟疫(552c4)。雄蜂这个比喻的要点在于:

> 每当有机会耗费属于别人的钱财时,他们中大多数人就有雄蜂般的诸种欲望。(554d5)

如果财富成为一个政制的基本原则,那就必然鼓舞起占取他人财富的热望。在这种倾轧之下,必然有从富翁群体中坠落的人,但是这些人早已为寡头制的政制精神所养育,只会更加酷烈地追求财富和财富带来的快乐,从《王制》的叙述来看,这种人就是雄蜂的起源。而随着对话的深入,苏格拉底反复提起雄蜂之喻,逐渐将他们比喻为被"男女情欲"和其他欲望裹挟的人:

> 雄蜂这类人充斥着这类快乐和欲望,时时刻刻受不必要的快乐和欲望统治。(559c5—d1)

到了573a,苏格拉底在描述由民主制的人向僭主制之人过渡的时候,更直接将"长着翅膀的巨大雄蜂"称为情欲本身。雄蜂这个意象成为从寡头制向民主制再向僭主制衰败的动力学解释：不知节制的欲望。而在这个变化过程中，民主政制之形成，是由于寡头制逐渐创造了"一大批雄蜂和乞丐"（556a1）。就寡头制本身而言，既然财富是唯一的政制原则，寡头或者寡头制型的人必然是吝啬的，因而也是"受必要的快乐和欲望统治"（559d1），也就是说寡头制终究为某种约束所限制——虽然这远远称不上好的约束，①但是民主政制的精神，却"时时刻刻受不必要的快乐和欲望统治"。因此，我们可以粗略地说，苏格拉底在描述民主政制的产生时首先强调的要点，即由寡头制生发出来而愈发不知节制的欲望，而欲望之所及，则必然指向层出不穷的新欲望，最终必然指向统治的欲望。

就此而言，对农民或者各种为日常生活所困的普通人来说，民主政制的政治热情并非他们本身所有。"在解释民主政制的过程中，苏格拉底完全不提民众（demos）"，而把焦点聚集在"雄蜂"身上，很大程度上是因为雄蜂的欲望以及由此而来的统治欲望才是民主政制的真正动因，"民众的领袖并不来自民众"，②就民主政制的理念而言，这是一种尖锐的反讽：民主政制之兴起并非民众的欲望，正如启蒙本身亦非民众的意愿，而是启蒙知识人的强烈愿望。所以，苏格拉底称这些

---

① 施特劳斯，《柏拉图的政治哲学》，收于刘小枫编，《苏格拉底问题与现代性》（增订本），刘振等译，北京：华夏出版社，2016年，页408。
② 伯纳德特，《苏格拉底的再次起航》，前揭，页218。

雄蜂为城邦的瘟疫,他们将让城邦患上不治之症。

但是,寡头制下却没有人能够救治这种瘟疫,法律(556b)和节制都不再有效,因为欲望和节制不可能同时存在。于是这些雄蜂们渐次成长,他们"时刻渴望革新"($\nu\epsilon\omega\tau\epsilon\rho\iota\sigma\mu\acute{o}\varsigma$)。"革新"来自动词$\nu\epsilon\omega\tau\epsilon\rho\acute{\iota}\zeta\omega$[创新、革新],其词源不过是形容词"新"($\nu\epsilon\acute{\omega}\rho\eta\varsigma$)。苏格拉底此前在卷四谈到理想城邦护卫者的教育时,明确反对这种革新:

> 城邦的管理者必须固守这一点,不让城邦在不知不觉中败坏,而是始终保护着它:在体育和音乐中不能有任何制度上的革新。(424b)

音乐和体育的革新,将是生活方式变动的最潜移默化的力量。而雄蜂们的革新更近一步,对旧有秩序不满,进而追逐新的秩序。但是追逐者未必真正明白他们追逐的新秩序究竟是什么,而仅仅是求新而已。因此,在《法义》当中,柏拉图提醒要注意城邦中可能出现的各种变动(758c)——这里,柏拉图重复使用了《王制》中的航船喻,将城邦比喻为海中航行的船只。航船最大的危险就是这种革新,最好是能够防止革新,否则就应该尽早了解相关情形,以法律和节制"救治"这种"瘟疫"(758c—d)。这几处文本联系起来,就可以清楚地看到,在柏拉图笔下,"革新"恰恰是政治体衰败的最大危险所在。至于此处文本,最可怕的情形是,"时刻渴望革新",求新已经成为雄蜂内在的欲望,而这种求新终将酿成政制上的改变。

一旦这种政治热情生起,城邦很快就会"陷入内讧"($\sigma\tau\alpha\sigma\iota\acute{\alpha}\zeta\epsilon\iota$),分裂为寡头派和民主派两方势力,开端的分裂决定了民主政制必然带有的分裂特征。而分裂双方无论是从外邦引进势力,还是本身陷入内战(556e),无非是寡头派胜利或者民主派胜利,但是,由于欲望和革新欲望的膨胀,即便寡头派获得了某些胜利,但最终必然是民主政制胜出,也就是苏格拉底所言,"民主政制产生了"(557a1)。阿德曼托斯随即得出结论,民主政制的建立过程或是"由于武力",或是由于"对手的恐惧"。无论是哪一种,都与正义无涉。

民主制是否必然从寡头制衰退而来,其实并非全部的要点。柏拉图此处所呈现,其要害或许并不在于从寡头制到民主制的衰退之必然,而是产生民主制的基本动因和过程,借用尼采之言,即为某种谱系学的描述。如果我们把寡头制视为向民主制的衰败——也就是民主政制的产生——的比喻性前提,问题或许更容易理解,由于寡头制开启了各种不节制的欲望,开启了求新的政治热情,由此而开启了朝向民主政制的道路。

自由及其困境

亚里士多德在《政治学》第六卷开始细致探讨民主政制

时强调:

> 民主政制的根基($ύπόδεσις$)是自由。(人们通常认为,自由只有在民主政制下才能享有,人们还认为每一种民主政制的目标都是自由。)自由不止一种形式。其中一种形式是轮流统治和被统治。民主政制的正义概念具有数量上平等的意蕴,而不是以是否应当为基础的恰当的平等观念。①

"自由、民主与平等"的说法几乎已成陈词滥调,但三者之间关系究竟如何,我们常常是糊涂的。民主是这种政制的准确命名,即所谓民主政制,而根据亚里士多德这里所言,自由和平等则是民主政制的基本特征。但自由与平等在民主制里具有相同的重要性吗？亚里士多德认为自由才是民主制的根本核心,是其根基,是民主政制其他特征的前提。所以今日世界流行的政制常常名为自由民主制,而非民主平等制——即便平等是自由的形式之一,即便可能是最重要的形式。理解民主制最为关键的核心似乎就是自由,亚里士多德的看法

---

① 亚里士多德,《政治学》,卷六,1317a40—b5。英译本参巴克(Ernest Barker)译,《政治学》(*The Politics of Aristotle*), Oxford: Oxford University Press, 1946;中译本可以参考吴寿彭译本以及颜一和秦典华译本:《政治学》,吴寿彭译,北京:商务印书馆,1997;《政治学》,颜一、秦典华译,北京:中国人民大学出版社,2003;译文有改动。

其实直接承自柏拉图。

苏格拉底讲述完民主政制的形成之后,紧接着说:"这些人的生活方式(τρόπον)如何呢? 这种政制又是怎样的类型(ποία)呢?"(557b1)在《王制》开篇,克法洛斯与苏格拉底交谈时就提到了"生活方式"一词,而这是文本中苏格拉底最早表现出谈话热情的时刻(329d5—329e5)。Τρόπος用之于人则表性情,用之于政制则表生活方式,近乎完美地体现了柏拉图灵魂与城邦的对应(《王制》,445c—e)。苏格拉底在谈及寡头制的生活方式时,更多谈论其缺点;而谈及民主政制,却只谈其核心要点:自由。

> 那么,首先,他们难道不自由吗? 这种城邦难道不充斥着自由(ἐλευθερίας)和自由言论吗? 难道在这种城邦中没有放任自流地做任何自己想做的事的自由?
> ……而且,既然可以放任自流,显然每个人会在城邦中建立他个人的令他自己高兴的生活。(557b4—10)

苏格拉底此处所谈的自由,与言辞、行事和生活方式有关,但在荣誉制和寡头制中都没有提到言辞的问题。这个差别暗示了,只有在这种政制之下,人们才会如此重视自己的言论,不是重视自己自由言说的内容,而是重视自己可以自由发言这个原则或者事实本身。那么,这种言论自由会说出怎样的内容呢? 虽然其言辞多样而难以穷究,但从最根本意义上来说,终究可以说是对自己所选择生活方式的辩护。而其辩护的内容,是要证明自己根据个人喜好所构建的生活方式是正当的,是政治所不能否定的,是自由的选择。

可是恰恰在这个意义上,民主政制本身却消解了自身。如果以自由选择作为政制根基,那么,任何人都可以选择他喜欢的生活方式,根据城邦与灵魂的对应原则,必然有人选择非民主制的生活方式,无论是贤良政制或是荣誉制,乃至于僭主制,因此,作为整体的民主政制就成为一种汇聚各种政制可能的万花筒,柏拉图喻为"绣有各色图案的披风"(557c5),所谓"最美丽的城邦政制",因为从原则上说,它允许任何一种政制类型的生活方式存在。既然如此,就有可能导致下列情形:选择其他政制类型的人——无论是荣誉制还是寡头制,他的生活方式都与民主政制冲突,那么,民主政制就必然处于分裂之中,其原则允许了这种分裂的合法性;其次,既然是分裂的,民主政制中作为共同体的生活方式就不复存在。城邦就只不过是一个人偶然在其中度过一生的某个场所而已。民主政制的自由原则消解了自身。[1]

但是,自由原则不但消解了民主政制,甚至消解了政治生活本身,因为它所许可的自由必然包含不愿意统治的自由和不愿意被统治的自由(557e),也就是说,民主政制允许甚至

---

[1] 参 Arlene W. Saxonhouse, Democracy, Equality, and Eidê: A Radical View from Book 8 of Plato's *Republic*, in *The American Political Science Review*, Vol. 92, No. 2 (Jun., 1998), pp. 273—283,尤参 p. 281。

鼓励城邦民放弃政治生活。根据苏格拉底另一位弟子色诺芬的记载,*阿里斯提珀斯*(Aristippus)曾明确表达过这种自由观:

> 这条道路既不通过统治,也不通过奴役,而是通过自由,这乃是一条通向幸福的光明大道。(《回忆苏格拉底》,2.1.11)①

苏格拉底断然拒绝了这种可能。只要生活在现实的城邦当中,就必然存在强者和弱者之别,这与其愿望或爱好无关。而强者,或者说统治的人,"总是有办法把弱者当作奴隶对待,让他们无论在公共生活还是私人生活中都自叹命苦"。想要退回到私人生活中的幸福渴望会在这个政治强者面前碰壁。这其实是说,更有政治统治热情的人的自由必将笼罩这种非政治的自由渴望。于是,阿里斯提珀斯打算在各个城邦之中漫游,而不栖身于任何城邦。苏格拉底说,旅行者并不能免于他所漫游到的城邦的法律之管辖,亦即被统治(同上,2.1.12—15),原因也不难理解,任何一座城邦必然以城邦共同体为其立足点,而非异邦的旅客。

亚里士多德则提出另一种可能的方案,用以实现不想统

---

① 色诺芬,《回忆苏格拉底》,吴永泉译,北京:商务印书馆,1984年,页44。

治也不想被统治的自由：

> 从观念上来说，结果就是，自由就是不受政府的干涉，倘若不能如此，就通过轮流统治和被统治而实现这样的自由。这样就形成了以平等为基础的一般意义上的自由系统。（《政治学》，卷六，1317b15—17）

亚里士多德首先已经暗示，不受政府干涉的自由并不可能，因为这相当于取消了政府，取消了政治生活。退而求其次的方式就是轮流统治，轮流成为统治者和被统治者，因此平等是次于自由的不得已选择。但这已经暗示，民主政制要成为一种政制，就必然要限制其自由原则。

但是，既然是其政制原则，民主政制终究在理念原则上许可这种非政治的自由，或者说，以期望取代了政治，以欲望替代政治的合理性。苏格拉底认为，根据民主制自身的原则，它将愈发追求这种自由，但这将最终导致奴役，也就是形成僭主制：

> 过多的自由看来不可能造就别的什么，只可能造就过多的奴役，不论对于个人还是城邦。
> ……僭主制并非产生于其他什么政制，而只能是民主政制，依我看，最彻底、最原始的奴役，只能来自极端的自由。（564a3—8）

自由之至于极端的自由,是由于民主政制视民主为最高价值所致,在某种程度上可以称之为必然。民主政制之衰退为僭主制,是从寡头制就已经开始患上的疾病所致(564b),这是雄蜂意象的关键所在。我们如果只把注意力集中于民主政制向僭主制的衰退,更关键的地方就在于民主自由导致的伦理和礼法困境:伦理不再可能。

> 父亲让自己习惯于像孩子一样,而且惧怕自己的儿子们,儿子让自己习惯于像父亲一样,在双亲面前毫无愧色、惧色,一心渴望自由;而且,外来的依附者也认为自己与邦民平起平坐,邦民也自认与依附者互相平等;异邦人与本邦人也彼此没有什么分别。(562e5—563a1)

以自由的名义,父亲不再是父亲,儿子不再是儿子。父父子子的伦理观不仅仅是儒家教诲,也是西方的传统教诲。《旧约》尝言:"咒骂父母的,他的灯必灭,变为漆黑的黑暗。"(《箴言》20:20)希腊传统亦然,忒奥格尼斯的诉歌在教育居尔诺斯时说:"那些不敬重父母的人,到年老时,居尔诺斯,他们也极少受人敬重。"(行821—822,张芳宁译)①从荣誉制、寡头制衰退而来的民主政制还残留的日常伦理,将由于自由的缘故而平等化,并最终湮灭。此处异邦人与本邦人的平等

---

① 另参品达,第六首皮托凯歌,行26。

恰恰就是《王制》开篇的基本神学场景,自由导致的平等同样出现在老师与学生,甚至人与动物之间(563a4—5;563c5),而最终,自由的城邦民们"完全不把法律放在心上,不论成文法还是未成文法"(563d5)。成文的法律和未成文的日常礼俗都不再有约束力。

但依旧不止于此。在民主政制中,除非有人具有"超常的天性",从小一直接触"美好的事物",否则就只能接受这种政制当中"把一切践踏在脚下"的平等(558b)。这就意味着,无论政治生活中的美德还是哲学探究之美好,在民主政制中都不再是值得追求之物,或者,这是与对动物的喜爱并无本质差别的追求,"所有欲望都是一样的,必须得到相同的尊重"(561c5)。在这个意义上,哲学探究当然也为民主政制所许可,某个人可以由于偶然的兴致,"在他所认为的哲学领域下一番大力气"(561d)。与哲学研究并列的爱好是饮酒、吹笛、减肥、锻炼等等,这个彩色披风五彩斑斓,但披风终究只是身外之物。原本与灵魂关系最为密切的哲学,也不过是一件装饰,所以苏格拉底说,这不过是这种人"所认为的哲学领域"。但这恰恰是最麻烦的地方。由于日常生活中的人和克法洛斯一样,对什么哲学并没有真正的判断力,那么,这种貌似哲学的东西就会取代哲学真正的地位。《王制》卷六已经提前警告了这种危险:

> 当那些不值得教育的人,靠近了她[哲学],以本不

是她应有的方式与她交往,我们该说他们会生出什么样的想法和意见呢?它们不是真的适合被称为诡辩($σοφίσματα$)吗?与真正的明智($φρονήσεως$)之间,不就是没有任何确实的或相应的关联吗?(496a5)

民主政制是唯一对哲学彻底开放的政制,[①]但是它的自由却为哲学制造出一种新的蒙稚,[②]施特劳斯在《思索马基雅维利》第三章结尾曾经点明,现代民主哲学启蒙的真实名称应该是蛊惑人心,一场"蒙昧蛊惑运动"。[③] 民主型人的各种"想法和意见"便占据了哲学之名,苏格拉底认为这种诡辩和智术与真正的哲学明智之间并无本质关联,这或许是最深刻也最危险的僭政,是自由最危险的困境。

在讲述民主政制的形成时,苏格拉底提到的雄蜂,更在于传达这个意象在寡头制下对金钱的放肆占取(555d7—556a2),但在讲述民主制型的人的形成时,苏格拉底使用最多的词语是欲望,雄蜂则被称为被各种欲望所占据的灵魂形象

[①] 参罗森,《哲学进入城邦——柏拉图〈理想国〉研究》,朱学平译,上海:华东师范大学出版社,2016年,页383。

[②] 参拙作,《儒家经典与启蒙》,收于曾海军主编,《肇端发始见人文》,成都:四川大学出版社,2015年。

[③] 施特劳斯,《关于马基雅维利的思考》,申彤译,南京:译林出版社,2003年,页265。另参 Mary P. Nichols, Rationality and Community: Swift's Criticism of the Houyhnhnms,载于 *The Journal of Politics*, Vol. 43, No. 4(Nov., 1981), pp. 1153—1169。

(559c7—559d2)。前一个雄蜂尚属具体范畴,后一个雄蜂则被抽象为欲望的一般化表达。这个细微的差别首先是由于一者相应于城邦,一者相应于灵魂,更深入一点,则是由于政制与灵魂的对应关系。① 我们通常谈及《王制》中城邦与灵魂的对应时,会强调某种政制与某种灵魂的对应(445c9—445d1),但常常会忽视政制衰败之际的对应。倘若没有衰败,政制就不可能多样,灵魂也就不会多样。政制的衰败与灵魂衰败的对应,也就暗示了柏拉图的关切:人的灵魂如何能够抵御这种欲望引致的衰败?而从寡头制一路衰败、日益"美丽绚烂"的退化之途中,作为欲望的雄蜂是其关键。但是,只有在转向民主政制以及在民主政制下,欲望以及自由的欲望,才彻底终结了自贤良政制或王制开始奠基的政治美德,转而以自由代替美德,或者以自由为最根本的美德。② 自由既可能是向上的自由,也可能是向下的自由,既可能是向善的自由,也可能是向恶的自由,但这些自由在逻辑上都是平等的,在政治与伦理实践中,又是极难区分的。民主与其自由都不可能作为政治生活的真正根基。无论对于政制还是人的灵魂,都是一个过于美好的陷阱。

---

① 参拙编,《经典与解释 37:〈理想国〉的内与外》,北京:华夏出版社,2013 年,尤参李尔的同名论文《〈理想国〉的内与外》,刘未沫译,页 16—54;"灵魂是城邦的内化,城邦是灵魂的外化",页 46。
② 对比马基雅维利的《君主论》,"自由作为最重要的政治讨论术语取代了德性",参布鲁姆,《人应该如何生活》,前揭,页 10。

那么,政制如果想避免衰败,灵魂如果想欲求美好,就应该在一开始就对"雄蜂"式的人和欲望充满警惕。对柏拉图来说,对民主政制的警惕尤为重要,因为民主政制的自由和平等原则从根本上消解了这种警惕,消解这种警惕所必需的智慧和节制。施特劳斯对此说得再明白不过:

> 如果人们接受柏拉图的论题,认为智慧拥有唯一绝对正当的资格进行统治或参与统治,而且智慧(严格意义上就是美德)要求某种自然的天分(natural gifts),那就得承认人与人之间在智性天分上的自然不平等具有重大的政治意义,也就是说,民主违背自然正确。①

---

① 施特劳斯,《论柏拉图政治哲学新说之一种》,收于刘小枫编,《苏格拉底问题与现代性》(增订本),前揭,页166。

二、雅典政制与国际关系：论色诺芬《雅典政制》

欧洲现代国际法的形成以一种新的国家学说为基础,这种国家具有主权人格,由此决定了以国家为主体的国家间关系准则,也就是说,

> 国际法上国家与人身化人格的类比,就成为具有支配性的国际法思想。

我们自然会问,这种人格化的主权国家究竟是怎样的人格？施米特称之为霍布斯式的自然状态下的人格,即一切以自我保存和自我利益为指向。① 实际上,这种国际法只有在大量殖民地存在的情况下才可能维持,才能形成某种均衡的

---

① 施米特,《大地的法》,刘毅、张陈果译,上海:上海人民出版社,2017年,页123—124;另参《政治的概念》,第七节。

国际法。如果对应希罗多德的说法,这种以自我利益为导向的国家人格,其实就是民主型人格(《原史》,卷五,78)。

我们由此可以推断,欧洲的现代国家法其实本质上朝向一种民主政制类型的国际关系;反之如果不能够理解民主政制处理国家关系的原则,我们就不能恰当地理解目前为止依旧强有力的这种国际秩序;反之,如果不能够恰当理解这种国际关系原则,我们也不可能更加深入地理解民主政制的本质。如果用城邦间的关系对应国际关系,那么,色诺芬的《雅典政制》是唯一处理这个主题的古典作品。

但是,无论柏拉图还是亚里士多德,谈论作为政治共同体的城邦时,都致力于完善城邦的内部秩序,①而非城邦与城邦之间的关系,就此而言,城邦之间的关系是政治的次生性问题,柏拉图甚至称这致力于此的城邦为"发热城邦"(《王制》,372e),发热之邦自然就不是健康城邦。但是,在现实世界里,古代希腊城邦与城邦之间当然存在来往,即便没有如今那么普遍,范围没有如今广泛,因此,古希腊的思想家必然要思考城邦和城邦之间的关系问题,其间甚至存在某种"国际法"。②

---

① 虽然也有学者认为亚里士多德已经处于从城邦到帝国的思想转变过程之中,比如 Mary G. Dietz,《在城邦与帝国之间:论亚里士多德〈政治学〉》(Between Polis and Empire: Aristotle's *Politics*),载于 *The American Political Science Review*, Vol. 106, No. 2 (May 2012), pp. 275—293,但类似看法并不常见。

② 参 David J. Bederman,《古代社会的国际法》(*International Law in Antiquity*),收入剑桥国际与比较法文丛, Cambridge: Cambridge University Press, 2003 年,页 31—40。

我们尤其要思考这些处理背后所暗含的处理原则,因为这有助于我们理解西方世界对国际关系思考的古代渊源。这正是史家之关注所在,古希腊两本最重要的历史著作中,希罗多德的《原史》关注希腊城邦与波斯人之间的关系,而修昔底德的《伯罗奔半岛战争志》则关注希腊城邦内部的关系。① 二者恰恰是所谓国际关系的两个核心内容,一者是与异质文明之间的关系,一者是同文明内部的关系。而后一种关系是处理好前一种关系的前提。

以前者而言,这就是西方历来文明—野蛮区分的源头。对希腊人来说,与波斯人之间的关系,是文明人和野蛮人之间

---

① 修昔底德对国际关系研究的影响尤其深远,研究文献也颇为丰富,比如 Arthur M. Eckstein,《修昔底德、伯罗奔半岛战争的爆发以及国际关系理论的奠基》(Thucydides, the Outbreak of the Peloponnesian War, and the Foundation of International Systems Theory),载于 *The International History Review*, Vol. 25, No. 4 (Dec., 2003), pp. 757—774; George A. Sheets,《概念化地处理修昔底德的国际法看法》(Conceptualizing International Law in Thucydides),载于 *The American Journal of Philology*, Vol. 115, No. 1 (Spring, 1994), pp. 51—73;修昔底德和现代国际关系理论的关联,参 Daniel Garst 的《修昔底德和新现实主义》(Thucydides and Neorealism),载于 *International Studies Quarterly*, Vol. 33, No. 1 (Mar., 1989), pp. 3—27;至于国际关系研究是否应该或者如何阅读修昔底德,可参 Laurie M. Johnson Bagby,《修昔底德在国际关系中的使用和误用》(The Use and Abuse of Thucydides in International Relations),载于 *International Organization*, Vol. 48, No. 1 (Winter, 1994), pp. 131—153;以及 David A. Welch,《国际关系理论研究者为何应该停止研读修昔底德》(Why International Relations Theorists Should Stop Reading Thucydides),载于 *Review of International Studies*, Vol. 29, No. 3 (Jul., 2003), pp. 301—319;参 George A. Sheets,《概念化地处理修昔底德的国际法看法》(Conceptualizing International Law in Thucydides),载于 *The American Journal of Philology*, Vol. 115, No. 1 (Spring, 1994), pp. 51—73。

的关系,是文明与战争对立。柏拉图在《王制》第五卷470b中露骨地表示:

> 如果希腊人与野蛮人或野蛮人与希腊人打仗,他们就会断定,他们在战争,是天然的敌人。

对近代以来中国历史深有体会的国人,看到类似描述,自然会明白西方文明本质上的延续性。至于希腊文明内部,柏拉图在《王制》中则亲切得多,与野蛮人之间的战争,在希腊人之间并不存在,他们之间只存在"内讧","希腊人"与"希腊人——他们本族人——之间的不同[分歧]只是内讧,甚至不用战争这个名称"(471a)。但这只是柏拉图美好的"理想国",是他试图构建文明得以凝聚的某种"圣地",因为他毕竟也知道,希腊人对待希腊人其实像对待野蛮人一样(471b)。

色诺芬似乎不抱有柏拉图的乐观,这或许是因为,色诺芬还有一个柏拉图所缺乏的史家身份。尤其是,色诺芬的短篇作品《雅典政制》,①揭示了希腊城邦之间并不和谐的关系。

---

① 《雅典政制》的希腊文校勘参 G. W. Bowersock, *Pseudo-Xenophon*,载于 Harvard Studies in Classical Philology, Vol. 71(1967), pp. 33—55;新近的校勘和注疏本参 Vivienne Gray,《色诺芬论政府》(*Xenophon on Government*), Cambridge:Cambridge University Press,2007,页187—210。英译参 J. L. Marr 和 P. J. Rhodes 合作《〈雅典政制〉译笺》(*The 'Old Oligarch': The Constitution of Athenians Attributed to Xenophon*), Aris & Phillips, 2008。中译参蔡连增译文,http://cailianzeng.fyfz.cn/art/109928.htm。译文根据希腊文有改动。

虽然关于《雅典政制》是否为色诺芬所作,学界仍然有很大的争议,但无可争议的是,这部作品是西方思想史上第一部为民主政制辩护的作品,是第一部从民主政制出发,分析民主政制城邦如何处理与其他城邦关系的文献。通过《雅典政制》的描述,我们可以理解,雅典城邦如何处理与其他城邦之间的关系,也就是说,民主政制的雅典如何处理其"国际关系"。一旦我们理解了《雅典政制》基于民主政制描述的雅典与希腊其他城邦之间的残酷关系,就既能够加深对民主政制的理解,也能够进一步理解民主政制主导下的国际关系基本原则。

既然题为"雅典政制",这个文本似乎是一部非常传统的古典政治哲学作品,因为政制(politeia)是古典政治哲学思考的核心论题,柏拉图的《王制》如此,亚里士多德《政治学》亦然,近代以来,孟德斯鸠的关切依旧不脱于此。[1] 某种程度上,色诺芬这部《雅典政制》似乎更接近孟德斯鸠,而非柏拉图或亚里士多德,因为在《雅典政制》中,"理想政制"让位于文中所说的维持得很好的政制,政治不再以正义理念为指导,而是第一次被归为某种现实政制,正如孟德斯鸠心目中的英国政制。[2]

---

[1] 参 Aurelio Lippo Brandolini,《共和制与王制对比》(*Republics and Kingdoms Compared*), James Hankins 编译, Harvard University Press, 2009。

[2] 关于《雅典政制》是一个完整文本,还是残缺不全,属于某个更大文本的一部分,参 Vivienne Gray, Introduction to *Respublica Atheniensium*, 收于《色诺芬论政府》,前揭,页51—52,无论如何,这个文本具有内在的完整性,起码可以单独看待。

正是由于这个缘故,一般来说,学者们通常认为《雅典政制》并非出自色诺芬之手。原因在于,色诺芬不但在现实的政治行为中反对雅典政治制度,《斯巴达政制》中对斯巴达政制的推崇也显而易见。认为《雅典政制》并非色诺芬所作的看法,其实早已有之。3世纪左右的第欧根尼·拉尔修《名哲言行录》(卷二,57),在列举色诺芬的著作名录时,提到《雅典政制》和《斯巴达政制》,①但他随即指出,有位叫德米特里乌斯(Demetrius)的学者否认这是色诺芬的作品,看来这种争论古已有之。今天,绝大多数学者否认这篇短文出自色诺芬之手,英语学界甚至给这本书的作者起了"老寡头"这个绰号,认为"老寡头"三字可以概括作者的身份——始造者是著名文学史家默雷(Gilbert Murray),②因为书中两次暗示出他具有的更优越的身份以及对民主制的不赞同(1.1,3.1)。相对来说,基于这部作品的风格与色诺芬其他作品之间的差异而否认色诺芬的作者身份,③还是更有说服力。也有学者,比如

---

① 也有学者断句为《雅典和斯巴达政制》,以为是一本书。珀吕科斯(Pollux,2世纪左右)和斯托巴欧斯(Stobaeus,5世纪左右)都在自己的著作中明确引用过《雅典政制》,参《〈雅典政制〉译笺》,前揭,页7。

② 默雷(Gilbert Murray),《古希腊文学史》(*A History of Ancient Greek Literature*,London:Heinemann,1897),页167—169,中译参孙席珍等译,上海:上海译文出版社,1983年。其实,《雅典政制》中与民主政制对立的原则不是寡头制,而是贤良政制,"老寡头"一说其实非常含混。

③ Gregory A. McBrayer,《政治哲学与民主:论色诺芬的〈雅典政制〉》(Political Philosophy and Democracy: On Xenophon's Regime of the Athenians),载于 *Interpretation*,Volume 44,Issue 1,Fall 2017,页41—56;尤参页43关于写作风格的讨论。

Gregory A. McBrayer,仍坚持认为,从文本的内在脉络还是能够得出这是色诺芬作品的结论,但他给出的理由多少有些牵强:色诺芬如此写作,是为了吸引对雅典民主持有批评的"寡头"或者其他倾向的人,通过展现雅典政制的缺陷和实际的政制效果,达到说服这些人和雅典政制和谐共在的目的。[1]

不过,考虑到苏格拉底另外一位著名学生柏拉图流传至今的作品全是对话,那么,同样受业于苏格拉底的色诺芬,虚拟一篇沃格林所谓的"政治演说"似乎也合情合理。[2] 所以,色诺芬虚拟出一个"老寡头"式的人物为演说者,也并不出人意料。所有关于作者问题的分析,大多是某种臆断而已。

民主政制的"申辩"

《雅典政制》一开篇,文本就明确宣说,民主政制虽然"不好",但是,这是适合雅典的制度,恶劣的品性自有自其位置——在这个意义上,无论如何衡量这个文本的重要性都不为过,这是西方古代世界里第一篇如此明目张胆为利益或者

---

[1] 《政治哲学与民主:论色诺芬的〈雅典政制〉》,页45—46,页56。McBrayer为了论证色诺芬是作者,甚至不惜歪曲其他学者的观点,比如Vivienne Gray说,色诺芬以多种不同类型的体裁写作,因此色诺芬完全可能采取任一类型;这句话似乎表明Gray认为色诺芬就是作者,但事实上Gray后面还有半句:"这些风格无一符合《雅典政制》。"(前揭,页20,注释35)

[2] 参沃格林,《城邦的世界》,陈周旺译,南京:译林出版社,2009年,页415。

"恶"辩护的文本。如果说马基雅维利的现代政治思想与古典政治哲学的分野在于美德和哲学的分离,那么,在雅典时代,在这篇《雅典政制》的文本里就有了一种马基雅维利式的政治与美德的分离。《雅典政制》虽然认为雅典民主是"不好"的政制,可是,这种政制不但存在,而且得到了"很好维持"(3.1)。政治存在本身就是目的,寻求政治利益成为最后的目的,个人和城邦的美德不再是必要或首要之物:"他们关心的不是正义,而是自己的利益"(1.13)——非常具有反讽意味的是,"正义"一词,在这篇短论中频频出现。① 单就此而言,称这篇作品非色诺芬真迹,大约是可以取信于人的,毕竟作为苏格拉底的弟子,色诺芬这个古典派当然要坚持正义的基本原则,由此而反对民主制,因为苏格拉底始终传达的看法是,人的生活的目标不是自由,而是德性。

所谓雅典政制,就是民主政制。

> 关于雅典政制,我不赞同它的形式($τρόπον$)。但既然他们决定采用民主政制,我想他们通过前述的形式($τῷ τρόπῳ$),很好地维持了民主政制。(3.1)

---

① 参 Yoshio Nakategawa,《伪色诺芬〈雅典政制〉中的雅典民主和正义观念》(Athenian Democracy and the Concept of Justice in Pseudo-Xenophon's *Athenaion Politeia*),载 *Hermes*,123. Bd.,H. 1(1995),页28—46。

这是全文最为明朗的一句话。《雅典政制》这篇短文中的言说者不赞成民主制的形式,但是雅典人通过各种具体形式,很好地维持了民主政制,因此,作者终究是赞同民主制的。可是"形式"一词在这里导致了某种含混。表面上看,民主政制是政制形式的一种,《雅典政制》的作者不赞同雅典的政制形式,即民主制;但是,什么又是维持了民主制的"形式"?字面上看,当然就是《雅典政制》前文描述的各种具体政制安排,这就是说,实际的政治安排是次一级层次意义上的形式。换言之,政制形式高于但又体现于政制的具体安排形式之中。而这个发言者赞同雅典民主政制的根本原因,就不在于民主政制这种政制形式的内在的道理或者理据,而在于具体的安排实践。这一点背后蕴含的原则是:衡量一种政制的标准,不再是传统的善恶("我不赞同"),而是这种政制是否实际有效。此处作者故意含混地使用"形式"一词的双重含义,显然是为了突出这个言说者背后的政制选择标准。① 这是贯穿全篇的要害。

《雅典政制》开篇则是对这句话更细致的说明:

> 不过,关于雅典政制,我并不赞成他们选择这种政制形式,原因在于,作出这个选择,他们就选择了坏人而不

---

① 对比柏拉图《王制》中,在进入哲人王的统治和几种政制类型之前,苏格拉底说:"有多少种政制形式,就有多少种灵魂形式。"(445c)这个"形式"与美德息息相关。

是好人,坏人能把事情做得更有好处。这就是我不赞同的原因。但是,既然他们已经这么决定,我将证明他们如何有效地维持这种政制,如何成功地处理了其他公共事务,虽然其他希腊人并不以为然。(1.1)

与3.1处相比,一个明显的区别是开篇没有明确提出民主政制,而只是说这种政制形式,这暗示了这种政制为大家所共知,而且以一个具有转折意味的"不过"($\delta\grave{\epsilon}$)开始。① 根据这两点,我们可以推测,这篇短文有着明确的言说对象,而且有着直接的背景,所以,沃格林认为这是一场"虚构的讲演",或者说是一篇为雅典民主政制辩护的政治演说。"好人"和"坏人"的对立,虽然有德性上的差别,但这里的语境更表明社会阶层的区别,前者即贵族,后者即平民,这是明显的贤良政制词汇。用这对陈年旧词,《雅典政制》一开始就明确地传达了两层含义:第一,雅典人选择民主政制并不是真正好的选择;但是,第二,民主政制符合雅典的利益。第二点的重要性要大过第一点的重要性。但是,其他希腊人并不以为然。一方面,这直接挑明了民主雅典和其他城邦之间的关系,并且将

---

① 有人根据这个$\delta\grave{\epsilon}$,说《雅典政制》前文有缺失;但是,色诺芬在《苏格拉底的申辩》里也同样以$\delta\grave{\epsilon}$开头;另外,《斯巴达政制》开头第一个语词是$\mathring{\alpha}\lambda\lambda\acute{\alpha}$,《会饮》也这样开头:$\mathring{\alpha}\lambda\lambda$' $\mathring{\epsilon}\mu o\iota$ $\delta o\kappa\epsilon\tilde{\iota}$;《齐家》也差不多如此。这似乎又表明了某种笔法的雷同,参 Vivienne Gray,《色诺芬论政府》,前揭,页187—188。

这种关系形成的原因直接与政治制度相连,也就是说政制在城邦关系中起到了非常关键的作用;另一方面,这也表明城邦间关系是下文论述的要点之一。

要而言之,《雅典政制》为民主制的辩护有内外两个方面,就内而言,是从雅典城邦的内部政治生活出发为之辩护;就外而言,则是在分析雅典同其他城邦的关系中,说明民主政制对于雅典人的益处何在,以自己城邦的利益为出发点和依循的原则。我们首先看从城邦内部角度出发的辩护。

《雅典政制》中的雅典政制其实并非纯粹的民主政制。一方面,就最根本的层面来说,雅典政制当然是民主制。按照亚里士多德在《政治学》中的说法,确定一种政制的首要因素是谁进行统治。① 所以《雅典政制》开篇就直陈核心,雅典的政制"选择了更善行事的坏人($πονηρούς$),而不是有德性之人($χρηστούς$)",$πονηρός$本意是劳苦,但后来专门用于政治语境,从德性上而言,则意指德性欠缺的人;② 与此对应的词语是$χρηστούς$,在政治语境中暗含更高的德性意味。二者相对,类似于中国古代的君子和小人之别。随后,作者又清晰地说出这种德性欠缺的人的真实的身份:"穷人和民众取得比那些出身

---

① 亚里士多德,《政治学》,1278b5—15,另参柏拉图《治邦者》,291c—292a,302c—303b。
② 最典型的描述出自柏拉图《王制》519a:"那些据说邪恶却机灵的人吧,他们狭隘的灵魂看上去多么乖觉,它多么尖锐地区分出它所朝向的那些个东西,显示出尽管它被迫伺奉邪恶,视觉却毫不虚弱;于是它看得越犀利,它达成的恶就越多。"

高贵者和富人更多的权势确实是正义的。"正义的缘由在于:

> 民众驾驶船只,赋予城邦以力量;舵手、水手长、五十人长、船首的瞭望员以及造船工,正是这些人增强了城邦的力量,远胜于重装步兵、出身高贵者、品德高尚者。出于这个缘故,看起来这种做法就是公正的,在城邦事务上,所有人都应该成为领导者,由抽签或举手选举产生,如果可能的话,每个人都可以发言。①

衡量政制的首要标准是力量。赋予并增强城邦力量的,是这些与航船有关的各相关人员及其技艺船只,这一点是有其现实处境的:

> 雅典人别无选择,他们不得不发动萨拉米斯海战并因此被迫要建立一支强大的海军;他们需要穷人作海军的桨手;因此,他们不得不为穷人们提供比其此前在雅典所享有的要多得多的利益——他们被迫踏上了他们的民主险程。②

---

① 本节译文参 Hermann Frankel, Note on the Closing Sections of Pseudo-Xenophon's *Constitution of the Athenians*, 载于 *The American Journal of Philology*, Vol. 68, No. 3 (1947), pp. 309—312。
② 施特劳斯,《修昔底德:政治史学的意义》,彭磊译,载《古典政治理性主义的重生》,郭振华等译,北京:华夏出版社,2011年。

但是"航船"作为统治的隐喻,是西方源远流长的传统——柏拉图《王制》中的比喻只是最著名的出处,此处不仅仅是实然的描述,还意味着城邦的统治原则,也就是航船喻的基本原则:谁来掌舵? 民众。或许是担心读者可能只做实然的理解,第一章结尾再次提到航船:"航海经历和实践练习,让他们成了优秀的舵手。"(1.20)民众是城邦的舵手。

所谓不纯粹的民主制,是因为将军和骑兵领导之类关系城邦军事力量存亡的领袖职位,既不通过抽签也不通过选举产生。所以如此,原因有两条:一是一旦人选有差,管理不当,会给"所有民众($τῷ\ δήμῳ\ ἅπαντι$)带来危险";其二,"民众懂得,如果 …… 准许最有能力的人来掌管,他们会得益($ὠφελεῖται$)更多"(1.3)。所有民众这里倒不必理解为每一个民众,而更应该理解为民众整体。这两个理由凸显了民主制自身的悖论:如果纯粹依照民主制的政治原则,这可能让民主制陷入"危险"。因此,雅典民众引入贤良政制的优秀原则。可是他们引入优秀原则不是为了优秀本身,而是为了"得益更多"。作者暗示的是,雅典人选择民主政制,很可能不是基于政制理由,而是基于更为内在的理由:"利益"的基本原则。

亚里士多德在《政治学》中提到,"平等和自由"在民主制中特别受到重视(1291b35)。这一点似乎是当时哲人的共识,柏拉图在《王制》557a—b描述民主制时,也着重描述自由以及随之而来的平等。《雅典政制》中的描述亦然,而此处关键在于，《雅典政制》如何描述，或者说如何为这两种特质辩护。

就前一种特质而言，只有这样才能维护"坏人"们和他们同类人的利益(1.6)。这是因为他们无论从"决议"①还是行事，都可以此主张自己的利益。但作者又虚拟了一个反对者的发问：这样的坏人"怎么会认识到，什么对他自己或民众来说是好的呢？"(1.7)这是至关重要的一点，假如民众做了错误的决策，不但民主政制受到损伤，连他们自己的利益也必然受损。正是在这一点上，作者将主题引向自由。

> 确实，以这样的生活方式，一个城邦不会成为最好的[城邦]($\dot{\eta}$ $\beta\epsilon\lambda\tau\acute{\iota}\sigma\tau\eta$)，但是民主政制是从这种方式中最好地保持下来。因为民众不希望，城邦得到好的统治，但他们却沦为奴隶。他们希望自己是自由的($\dot{\epsilon}\lambda\epsilon\acute{\upsilon}\vartheta\epsilon\varrho\sigma\varsigma$)，可以进行统治。礼法之败坏，②他们却很少关心。因为你以为($\sigma\grave{\upsilon}$ $\nu o\mu\acute{\iota}\zeta\epsilon\iota\varsigma$)这并不是以良好礼法进行统治，民众却借以使自己强大、自由。(1.7)

---

① 决议是非常传统的希腊政治词汇，可对比品达第八首皮托凯歌开篇的"决议"说法，参拙作《必歌九德》，上海：华东师范大学出版社，页59—60，可知民主政制与贤良政制的差异。
② 这与良好的礼法正相反，比如梭伦著名的良好礼法($\epsilon\dot{\upsilon}\nu o\mu\acute{\iota}\alpha$)，或者遵守法度。

城邦品质之好坏不是民主制考虑的首要问题——甚至不是他们考虑的问题,民众在良好统治和自己的"自由"之间,选择自由。而正是这自由令他们强大。但是,让人难以理解的是,为什么自由会令他们强大呢?我们可以借助另一位史家希罗多德来理解这个问题。他在《原史》卷五78节中说道:

> 当他们[雅典人]受着压迫的时候,就好像是为主人做工的人们一样,他们是宁肯做个怯懦鬼的,但是,当他们被解放的时候,每个人就都竭心尽力为自己做事了。

这个说法正可与《雅典政制》中的描述对比阅读。民众如何知道什么东西是对民主制城邦好呢?他们可能无法给出理论上的论证,但是,他们只需要知道两点:第一,什么是对自己有利的;第二,对所有民众有利的事情,才最可能长期保持他自己的利益。而要做到这一点,他们就必须有选择做对自己有利之事的"自由"。这种自由首先是一种政治统治的自由,也就是政制统治权:"他们希望自己是自由的,可以进行统治。"这样,自由概念就发生了转变,从荷马笔下与城邦共在的政治自由转变为城邦中一部分人(即民众)的统治自由。

既然自由首先是民众的自由,又排除了道德的约束,自然就会衍生出另一种含义:生活上无所约束的自由。许多民族令人愉悦的享乐的自由之物,都因雅典海军的强大而成为雅典民众的自由享受(2.7),尤其是,雅典民众由于个人的不同喜好,"把所有希腊人和野蛮人的东西都混合在一起"(2.8)。这是什么样的自由呢?柏拉图说,民主政制"可能是各种政制中最美妙的一种……有如绣有各色图案的披风"(《王制》,557c5)。这正是《雅典政制》中所说的"混合"。

《雅典政制》为民主政制所作的辩护,几乎触及柏拉图关于民主政制谈论的基本问题:政制的原则、政制的基本品质乃至于基本的比喻意象。而视利益为根本原则的出发点,正是《王制》由之开始的第一个正义原则,此即忒拉旭马霍斯的原则:

> 每一个施行统治的群体,都为自己的利益制定法律。民主政制制定民主制性质的法律,僭主制制定僭主制性质的法律,其他的也都这样做。而且他们宣告说,他们所制定下来的——他们自己的利益——对被统治者来说,是正义的。(338e)

某种程度上,这篇《雅典政制》可以视为《王制》第一卷的某种参照,不明白这种利益原则的根本问题所在,政治正义就不可能。① 而这种民主政制的利益原则又在根本上确定了雅

---

① Yoshio Nakategawa,《伪色诺芬〈雅典政制〉中的雅典民主和正义观念》,前揭,页44—46。

典如何处理与其他城邦的关系。

民主政制与国际关系

《雅典政制》的主题一方面是评述雅典民主的内政并为之辩护,另一方面则涉及雅典与其他城邦之间的关系。二者近乎并列的关系已经表明,雅典城邦的实际政治事务范围远远超出了本城邦的范围,至于这样的扩张与这座城邦当时独特的民主政制是否有关,则会随着《雅典政制》文本的展开渐渐清晰。《雅典政制》在两个实践层次上说明了雅典人如何对待其他希腊城邦。

首先,雅典人非常关心其他城邦的政治制度,雅典人的关心的实际表现就是,极力推翻其他城邦的非民主政制,尤其是贤良政制,然后建立民主制度:

> 他们剥夺[其他城邦的]贵族的政治权力,豪夺其财产,放逐并杀害这些贵族,同时增加坏人的利益。(1.14)

> 对于那些内乱中的城邦,他们[雅典]总是选择民众(demos)。他们这样做有其充分的原因。……在每一座城邦,只有那些最底层的人才对民众友好。因为相似的人总是善待相似者。因此,雅典人更支持与自己相近的人。(3.10)

"民众"是和"贵族"相对的城邦阶层,是不同的政治势力(参希罗多德《原史》卷五,66),希腊各城邦和罗马的基本政治情形几乎都取决于这两种政治势力之间的消长。由于波斯战争带来的巨大压力,雅典民众走向历史前台,并最终建立起民主政制,这是雅典民主伟大的历史意义或者生存论意义。这里我们需要注意第一章14节雅典人对其他这些城邦的实际称呼——"同盟者"。这些城邦和雅典形成的同盟是历史上著名的提洛同盟。但是,同盟之间并不是平等的关系。民主政制下的雅典非常关注其他同盟城邦的政治制度问题。他们直接进入这个城邦,彻底破坏传统的贵族势力:剥夺政治权力、夺取财产、放逐或者杀害贵族,同时强化下层民众的利益,建立或者巩固民主政制。

比如,雅典的出海口正对着当时希腊世界富庶的海岛埃吉纳,但埃吉纳依旧实行古老的贤良政制,两座城邦、两种政治制度之间争战多年,雅典人曾经策动埃吉纳民众的暴动而未果(希罗多德,《原史》卷六,88—89),但雅典持续不断从军事和经济上打压埃吉纳,终于在公元前455年占领岛屿,自然也就终结了这里的贤良政制。表面看来,雅典人不过是将自己的民主政制移植到其他城邦,建立起一个民主政制同盟,他们似乎有着一种狂热的政制热情,或者政制理想,这似乎是一种崇高的政治冲动。

但是,根据上一节雅典人选择民主政制的理由来看,这里必然面临一个相同的疑问:雅典民众为什么会认为其他城邦采取民主政制对他们是好事呢？(1.7)。原因其实非常简单：

> 有人也许会说,雅典的力量正来源于这些盟邦能够提供的贡赋；而[雅典]民众以为,最好让每一位雅典人拥有盟邦的财富,而同盟者所拥有的,只够维持生活,他们忙于生计,便没有能力计划反叛。(1.15)

首先,同盟城邦的民主政制的确立,大多是由于外力而非内部原因,是由于雅典的外部干涉才得以建立；那么这些城邦在其民主政制建立之初,就不得不受制于雅典。正是由于这种牵制——实则为雅典海军力量的强大(2.2—3)——这些城邦不得不提供贡赋。① 如此一来,其他城邦就无力反叛,而对雅典人来说,他们就可以拥有同盟所有城邦的主要财富。雅典人背后更强烈的不是政治冲动,而是财富利益的冲动。

"帮助"其他城邦建立民主政制之后,雅典人还懂得如何最大程度控制盟邦,这正是《雅典政制》关于雅典和其他城邦关系所关注的第二大问题。用今天的行话来说,雅典人依法——或依照国际法——对其他同盟城邦进行统治。

---

① 主要记载参修昔底德《伯罗奔半岛战争志》1.96.2 和 2.13.3。雅典人甚至专门设立了"希腊财务观"的职务,专门管理盟邦的贡赋,而贡赋金额也逐渐提高。参 A. French,《盟邦的贡赋》(The Tribute of the Allies),载于 *Historia: Zeitschrift für Alte Geschichte*, Bd. 21, H. 1 (1st Qtr., 1972), pp. 1—20。另参《雅典征收盟金令》,收于《古希腊铭文辑要》,张强译注,北京:中华书局,2018 年,页 114—116。

雅典首先在提洛同盟的名义下,以法律的名义对其他城邦进行控制:"他们迫使盟国航行到雅典进行诉讼。"(1.16)"迫使"一词首先说明了这个法律背后其实既不是民主,也不是法律,而是政治实力和军事实力。朴素的常识会让人以为雅典人此举难免不当。所以,《雅典政制》给出了两条根本的辩护理由:

> 首先,从诉讼双方的保证金中,他们就获得了整年的工资报酬。其次,他们坐在家中,不必出航远行就可以管理同盟城邦,在法庭上保护民众,摧毁民众的反对派。(1.16)

第一条理由就是庸俗的经济利益,后面还提到了航船在佩莱坞港带来的百分之一的税收利益(1.17)等等,与此雷同,凡此种种,表明法律在雅典民众手中也成为一种致富或者敛财的方式;而第二条理由,通过法律保护民众的政治地位,则可以将同盟城邦的民主政制长久化,由于雅典城邦是民主城邦,雅典法庭就始终站在民众一边,不但是雅典民众,还有其他城邦的民众,归纳一下就是:"事实上,在雅典,民众就是法律。"(1.18)只是,在以"民众"为法律的雅典,这个法律归根到底还是为雅典民众服务的,至于其他城邦,则如这篇短论所明言,"这样,同盟者简直就成了雅典民众的奴隶"(1.18)。此前,作者写过,雅典民众只愿自由而不愿当"奴隶"(1.7),但是,他们倒是很乐意让其他城邦及其民众成为雅典人的"奴隶"。雅典人对其他城邦民主政制的热衷,究其本质而言,并非一种制度

的热情,而是雅典城邦的一己之私。雅典城邦与其同盟之间的不平等关系,也为亚里士多德的同名著作所验证:

> 对待盟国,十分专横,只有开俄斯、列斯堡和萨摩斯例外;他们把这些城邦当作霸主的前哨。①

通过《雅典政制》的陈述,我们至此可以看出,为什么雅典人一开始那么热情地推销自己的民主政制,因为民主政制固然令雅典富盛,但却成为雅典人控制其他城邦的意识形态和政治手段,甚至噩梦。我们或许会得出一个简单的推论,雅典由于独特的历史和现实原因,由于雅典人独特的行为方式,形成了符合雅典的民主政制,但是雅典的民主政制对其他城邦来说,不但没有成为福音,反而成为负担。于是,我们会进一步推论,也许会存在斯巴达式的,或者波厄提亚式的民主政制,这样的民主政制在处理城邦之间的关系时,是否可以避免雅典城邦这样的问题呢? 也就是说,如果纯粹从民主政制的原则来说,我们是否可以推断说,这只是雅典民主政制的问题,而非民主政制本身的问题?

这个问题并非《雅典政制》关注的要点——雅典民众没有这样的理论兴趣。但是,我们不妨通过《雅典政制》的分析

---

① 亚里士多德,《雅典政制》,日知、力野译,北京:商务印书馆,2010,24 节,页33。

略作推理。民主制的首要原则是民众的统治,其特质是自由与平等,而背后起到根本性决定意义的,则是利益,城邦民众的个体和集体利益。因此,如果存在一种非雅典式的民主政制城邦同盟,它就必然面临一个与雅典民主自身不同的问题:雅典之民主得以可能,是因为雅典民众作为个体是平等的,但作为一个群体又吸取贤良政制的原则来保障群体的利益,同时起到保障作用的,还有因历史际遇而拥有的强大政治和军事力量;而作为民主政制城邦联盟,各个城邦之间作为个体可能平等,但它们如何能够作为一个群体而保障所有个体城邦的利益呢?从形式上讲,这种民主政制城邦联盟也应该吸取贤良政制的原则:在至关紧要的位置上选择有能力的城邦。但逻辑困境在于,这个有能力的城邦(比如雅典)显然只会在自己城邦的利益和城邦联盟的利益之间选择前者。雅典民主得以可能的一个根本原则正如《雅典政制》所述:"对他和与他同类的人有利的事。"(1.6)这是个体和群体之间的妥协平衡原则。假如各个民主城邦之间是平等的,那么,除非面对巨大的外患或者生存危险(比如波斯入侵),否则各个城邦之间无法就各自的利益达成妥协;假如各邦之间不平等,一邦如雅典独大,则必然陷入雅典帝国欺凌小邦而只利雅典的局面。即便因外患而形成平等联盟,但战争必然会造就某个英雄城邦,其后的利益优先原则又必然导致一邦独大的情形。因此,民主政制的城邦联盟中,即便所有城邦都是民主制,仍旧必然导致非民主制的城邦关系。

关于这一点,柏拉图似乎可以提供某些线索。在《王制》的几种衰败的政制当中,民主政制衰败为最糟糕的僭主制(562b 以下)。而《雅典政制》中的民主政制同盟似乎提供了一条佐证:民主制退化为僭主制,首先需要一个僭主式的领袖——雅典正是提洛同盟这个民主政制同盟里的领袖。如果我们将提洛同盟视为一个城邦,这个超级城邦的内在结构实质上是僭主政制,而非民主政制。

所以,如果以民主政制为根基来确立城邦之间的关系,将永远是不宁的纷争——即便出现了一个民众领袖式的城邦,则必然是这个城邦对其他城邦的奴役。假如把目光投向现代民主政制形成的这几百年现代史,我们的体会或许会更深刻。在国际关系中,民主政制即便要求其他国家采取同样的民主政制,原因也并不在于民主政制本身是好的,而是因为,对于已经是民主政制的国家来说——尤其是已经成为民主政制领袖的国家,只有这样,他们的利益才能够最大化。[1]

沃格林在谈及《雅典政制》时说,这篇短论文笔虽然不

---

[1] 民主政制与国际关系的主题,古今之间或许并没有那么大的差别,可参 Jacqueline de Romilly,《修昔底德与雅典帝国主义》(*Thucydides and Athenian Imperialism*), Philip Thody 英译, Oxford, 1963,尤参第三部分第三章,"雅典帝国主义的理论";另参 Richard Ned Lebow and Robert Kelly,《修昔底德与霸权》(Thucydides and Hegemony: Athens and the United States),载于 *Review of International Studies*, Vol. 27, No. 4 (Oct., 2001), pp. 593—609。

佳,但标志了某种精神秩序的转变:

> 雅典人民依旧存在,比过去更有权力,但是,它不再接受荷马和品达的精神气质了。(前揭,页416)

柏拉图的对话已经表明,民主政制带来的挑战几乎是每一篇对话或隐或显要处理的问题:一方面,民主政制从最根本意义上挑战了传统的政治美德;另一方面,民主政制又削弱了哲学的可能。那么,就这个极其敏锐的思想问题来说,我们可以说,《雅典政制》的作者是色诺芬或许是可信的,毕竟他如此敏锐地关注到那个时代最为迫切的政治和哲学问题,而且其言辞一如色诺芬其他文本,朴实得近乎枯燥。可是,如果从文本中极其强烈的妥协和分裂来看,这位作者虽然看似采取贤良政制的立场,故而对民主政制颇为不满,但是他的现实主义理智终究战胜了他的政治立场,他对雅典的民主政制选择表示理解和接受。

可是,我们翻开历史就会发现,雅典的民主政制并没有如他所言,"维持得很好",而是很快遭遇覆灭之灾。色诺芬亲历了这段历史,所以有学者在讨论《雅典政制》成书考时,认为文中对雅典民主政制的乐观表明,其写作年代当然应该在雅典失败之前。[①] 这自然就排斥了色诺芬写作的可能,毕竟

---

① Harold B. Mattingly,《〈雅典政制〉的写作年代和目的》(The Date and Purpose of the Pseudo-Xenophon *Constitution of Athens*),载于 *The Classical Quarterly*, New Series, Vol. 47, No. 2 (1997), pp. 352—357。

他那时才十几岁——虽然也有人以天才为由为之辩护。可是,如果这是色诺芬后来所拟定的追述呢?色诺芬的《希腊志》(又译《希腊史》)从时间上来说可谓修昔底德《伯罗奔半岛战争志》的续篇,其志向可能更高。因此,他以雅典民主兴盛时代的某个贵族口吻,追叙当年民主政制时代的乐观与无耻,自然也是一种可能。

《雅典政制》文本呈现的强烈"申辩"风格,比作者问题更加紧要。无论是贤良政制或是最为糟糕的僭主制,它们为其政制本身的论证或者辩护的热忱,都没有民主政制这般强烈,按照柏拉图的说法,这是由于民主政制"言论自由"的内在规定所致:言论自由意味着必须说服民众。而《雅典政制》以对其他城邦的掠夺和控制作为民主政制辩护的理据,已经清楚地表明,言辞之说服只有以利益(或长期或短期)为引诱才最有效果,也就是柏拉图所谓欲望的满足。但苏格拉底经过艰苦的论证,迫使忒拉旭马霍斯接受的观念是,"非正义从来就不比正义给人带来更大的利益"(《王制》,345a9)。这就是说,西方文明如果称得上是一种文明,就不能以《雅典政制》的论证作为合理的论证。所以,我们能够发现一个有趣的事实,现代国际法的形成以及其诸种理论,大多带有和《雅典政制》类似的"申辩"风格,而他们超越《雅典政制》之处在于,他们一定要基于"正义"的理由,比如西班牙的维多利亚。

施米特对维多利亚的分析极为清楚。只有占取美洲是合理正义的,国际法才有可能。基督教是欧洲文明的本质属性,而把非基督徒视为人的人道精神本身,则内在于基督教的含义之中。因此,在维多利亚看来,基督教文明是一种较高的文明,"野蛮民族需要文明人的引导"(《大地的法》,前揭,页76)。那么,在这个文明等级当中,基督教共同体对美洲新世界的占取,就具有一种文明意义,因为具有其正当的正义性质(同上,页77)。《雅典政制》与之相比,显然要逊色很多。可是,即便"需要文明人的引导",这也不能够成为西方几百年残酷殖民史的"正义理由"。但这依旧不是问题的关键,关键在于,理解了《雅典政制》到维多利亚到施米特的《大地的法》之间漫长的思想变迁和延续,我们才能够明白西方文明的某种内在品性:无论在实际的利益上,还是现实的力量上,抑或在哲学构建的迫切上,其中都贯穿着残酷冷峻的、现实的权力意志。

三、尼采论学者

现代学者的楷模韦伯坚持事实与价值的区分,而价值的选择与理性或哲学无关,只能是个体的决断,或者永恒的斗争。他在《以科学为志业》中描绘的"学者",虽然带有某种悲观气息,但依旧是善思之人,思考关于"自我和事实之间关系的知识"。不过,他同时认为,学者无需思考关于世界意义的哲学问题,柏拉图《王制》中著名的太阳就被韦伯解释为科学真理的比喻。[①] 就此而言,现代学者的研究本质上是客观中立的知识研究——有的史学从业者坚持认为"史学就是史料学"。学者研究的任何一种价值,都具有同样的客观性,也就是说,这些价值是平等的,必须得到相同的平等对待,儒家思想也罢,柏拉图也罢,集邮也罢,街头黑帮文化也罢,从学术客

[①] 韦伯,《学术与政治》,冯克利译,北京:三联书店,1998年,页34,页37—38,页45。

观性来说,并无差异。这种学术自然与哲学无关,同时,学者的中立和理性也要求他们对政治世界采取一种隔岸的中立态度,因为他们研究作为知识对象的政治,但不会表明他们的政治立场(同上,页37,页54)。

但是,早于韦伯的尼采对于此类说法充满怀疑甚至反对:学术之与哲学无涉,即是与最高价值(韦伯就认为"通往真正的自然之路"之类问题只是幻觉)无涉,但这正是从事学术研究的学者的真正问题所在:对最高价值的放弃,就放弃了哲学与最高精神可能,以其形态而言,是思想世界之中的"民主"运动,也正是由于这一点,他们非但不是真正的政治价值中立者,反而是民主政制这种类型的政制和政治价值的拥护者。原因不难理解,如果人们坚持的各种平等价值不能和平相处,那应该怎么办?鉴于学术既放弃了政治,也放弃了更高的价值追求,就只能交给多数人对此随机做出决断,或者某种民主程序。"事实"与"价值"的分离,必然要求民主政制。而学者,或者奠定这种学者形态的哲人——尼采认为是斯宾诺莎——何以要在思想领域掀起这样的民主运动,则又与这类哲人自身有关:根据柏拉图的说法,即与这类哲人的天性有关;尼采的说法则是,与这类哲人的"权力意志"有关。因此,"学者"作为一个现代的哲学和政治现象,向来是尼采哲学思考中一个非常重要的问题。

我们以《扎拉图斯特拉如是说》为例,各章标题大多有其所指,但以人的身份命名的标题却很少见,不过"牧师"、"道德家"、"智慧者"、"学者"、"诗人"等少数几章,这些人显然是一种重要的人的类型,或者精神类型,但标题中没有哲人,这不是因为哲人不重要,恰恰相反,哲人是衡量所有这些人的类型的根本尺度。因此,正如韦伯所认识到的,学者与哲人有着本质差别,但尼采认为,这正是学者的堕落,也是悲剧之源,或者喜剧之源。

"学者的出身"

学者之名、之实,皆古已有之,但只有在现代社会里学者才成为更普遍的精神现象,尤其是,"学者"以及他们教育出的大众媒体,甚至担负了古代哲人或者宗教家才具有的角色——虽然学者们通常会在姿态上拒绝承认这种角色。尼采善于做谱系学的勾勒,我们不妨借助这一勾勒认识作为现代现象的"学者"问题。《快乐的科学》第五卷[①]有前后相续的两节集中谈论了这个问题:第348节"学者的出生",第349节"再论学者的出身"。[②] 而在之前的193节,尼采提到学者另一位最重要的楷模康德,标题为"康德的玩笑":

[①] 我们需要注意,《快乐的科学》第五卷成书于《扎拉图斯特拉如是说》之后,因而与后者的关系更为紧密。
[②] 尼采,《快乐的科学》,黄明嘉译,上海:华东师范大学出版社,2007年,页335—337。

康德决意采用冒犯"每个人"的方式证明"每个人"有理,这是康德心中的秘密玩笑。他撰文反对学者,袒护民众的偏见。但他的文章只写给学者看,却不写给民众看。(同上,页241)

尼采虽然语调戏谑,却指出了启蒙哲人的一个根本困境:作为启蒙哲人的康德为大众立法,但是他的哲学思考和哲学只能在学者之间流传。换言之,他依旧在教育为数并不多的知识人,这就是说,康德的启蒙哲学并不能为被启蒙的民众所理解。但他的教育内容不再是在智慧和德性上教育知识人,而是教育知识人要将启蒙与启蒙的知识传递给大众。因此,现代学者本质是现代哲人的构造,一种带有民主化政治意识的哲学构造。所以,"学者的出身"一开始,尼采就写道:

在欧洲,学者出身于各个阶层和社会环境,犹如并不需要特殊土壤的植物,因此,他们在本质上应属于民主思想的载体。

在尼采看来,学者能够成长为学者,"并不需要特殊的土壤",这与柏拉图所说的特殊个性正好相反:

与理智和正确意见相伴的慎思所引导的单纯而有节制的欲望、快乐和痛苦,你只会在少数人中遇到,以及在

那些天生赋有最好的天性并受到最好教养的人中遇到。(《王制》431c)

学者并不是这种类型的人,他们只是在现代思想的民主运动之后才大量出现。就此而言,这个土壤其实就是现代思想本身,《扎拉图斯特拉如是说》前言第五节中,扎拉图斯特拉已经洞察到这一点:"可这土壤终归贫瘠、驯化,再也不能从中长出高树。"①仍然能够长出植物,但不再是参天大树。这些学者"根据等级区分的法则,属于中等程度的学者,他们对于真正重大的问题不屑一顾"(《快乐的科学》,373节)。

这一节之后的文字比开篇更加政治不正确,尼采似乎在攻击学者的"出身"(Herkunft),近乎是某种尖刻而堕落的血统论。他列举了四个例子:图表和档案管理员之子、律师之子、基督教神职人员和神学家之子、犹太人之子,他们的学术品格不过延续了他们父辈的精神气质。如果这是血统论的话,一个难以解释的问题是,尼采本人出生于一个牧师家庭,他的父亲卡尔·路德维希·尼采就是个牧师,那么尼采自己如何评价曾经作为学者的自己呢?很显然,尼采的出身并未让他成为自己所描述的这种学者。不如说,尼采这里列举了四种学者的精神类型,尤其是,这四种精神成分共同构成了学

---

① 尼采,《扎拉图斯特拉如是说》,黄明嘉、娄林译,上海:华东师范大学出版社,2008年,页42;译文依照德文,略有改动,不一一注明。

者的基本精神基础,这才是"出身"的真正含义。我们以第一种学者为例:

> 档案保管员和办公室文书的主要工作是整理资料,将其分类存放,并制成图表加以说明。要是他们的儿子当了学徒,也会表现出这样的偏爱:用图表对一个问题作简要说明,这样做,他就认为问题已经解决了。也有与此相似的哲人,说到底,他们只是"图表脑袋"罢了,父辈的行业特点变成了他们的工作内容,证明了他们分类和制作图表的才能。(《快乐的科学》,348节)

这种类型的学者不关心档案或者文书的内容,他们需要的是格式化的处理,并用图表加以说明。什么意思呢? 仍然是在《快乐的科学》373节里,尼采说:

> 难道我们真要把存在降低成账房先生那简易的计算练习和数学家的闭门造车吗? (373节)

这种类型的学者,实则为近代以来以数学化原则为基础的种种学术创造者,他们未必真有作为账房先生的父亲,但无疑接受了这样一种图表和数字的学术原则——他们的精神之父,我们今天非常熟悉这一类社会科学。但令人奇怪的是,既然尼采认为哲人与学者有着重大区别,这里为什么又加上一句"也有与此相似的哲人"呢？什么是有着"图表脑袋的哲人"？同样是在第373节，尼采说：

> 我们把这话讲给那些机械论者听，这些人当今非常乐意与哲人为伍，而且误以为机械论是关于一切规律的学问，一切存在均建立在这些规律的基础上。然而，本质机械的世界也必然是本质荒谬的世界！

这些机械论者与哲人对话，即以哲人自居，正如这些"图表脑袋"，他们同样认为世界存在于这样的图表规律之上。这就是说，就这类型的学者自身而言，他们并不以为自己只是尼采以为的并不关心重大问题的人，而是认为，他们的关注才是真正重大的问题。他们所以能够做到这一点，恰恰是由于他们掌握了一种重要的思想武器——逻辑。

这就是此处的第四类学者：

> 让我们来观察一下犹太学者吧：他们重视逻辑，就是说，重视用说理的办法强迫别人同意。他们知道，纵然存在着反犹太人的种族恶感和阶级恶感，人们不愿相信他们，然而他们必定会以逻辑取胜的，没有什么比逻辑更民主的了。

犹太人类型的学者重视逻辑，其理由并不在于逻辑是认识世界的本质,而在于逻辑是认识世界的工具,虽然此处说的是"强迫别人同意",但只是这种工具的用途之一;其次,逻辑面前人人平等,逻辑的推论和说服是最为民主的知识力量。至于法学家之子和基督教神职人员和神学家之子:前者关心正义——"他首先考虑维护公正,然后也许就真的获得了公正",追求正义但并未真正去探究什么是正义,这是过于强烈的政治热情;后者则具有"天真的自信",他们"自信地以为其事业已经得到证明,故而表现了一种热烈的敬业精神",他们不追问前提性问题,就热情投入某种科学研究。

如果我们对348节略作总结,就会发现尼采以"出身"这个具有谱系学性质的词语概括学者的首要品质,与现代启蒙的民主思想密不可分:"按照尼采的理解,学者或科学家摆脱哲学,这是民主运动的一个部分。"① 现代学者必然支持产生他们、让他们成为可能的思想。尼采此处勾勒了几种现代学者的基本精神类型。但是,我们略感疑惑的是,"犹太人"的说法难道不是一种针对犹太民族的诋毁? 或许并没有那么复杂,尼采只是想进一步引入一个重要的思想家:犹太哲人斯宾诺莎。

学者的权力意志

斯宾诺莎显然是尼采极为关注的现代哲人之一,早期的

---

① 施特劳斯,《〈善恶的彼岸〉讲疏》,曹聪译,上海:华东师范大学出版社。

《人性的、太人性的》当中，斯宾诺莎就厕身于尼采视为必须与之交谈的八位最重要哲人之列（408节），尼采后来的著作中斯宾诺莎的频繁出现也证明了这一点。但是，到了《快乐的科学》之后，斯宾诺莎虽然依旧重要，却渐渐成为现代哲人的典型形象，与本文密切相关之处在于，斯宾诺莎代表了学者的权力意志的本质。

权力意志固然是尼采最为重要的概念之一，但在他的著作里，这个词语出现频率极低——也就是说，尼采非常慎重。然而，在谈及斯宾诺莎时，"权力意志"却出现得有些过于频繁。《善恶的彼岸》中尼采四次谈及斯宾诺莎（5、13、25、198节），权力意志就出现两次。一方面，尼采强调斯宾诺莎的冷静式哲学，实为一种"不健康"的哲学，而这种不健康根本上来自斯宾诺莎本人的"权力意志"（13、198节）。但什么才是斯宾诺莎式的权力意志？《善恶的彼岸》里首先呈现的，是斯宾诺莎以"自我保存"面目呈现的这种权力意志（13节），而198节里，在更加广泛的现代个体道德的普遍构建中，尼采发现，斯宾诺莎的冷静的中庸之道背后隐藏着他的权力意志，隐秘地起作用的权力意志（另参《快乐的科学》333节）。尼采在后期作品中谈到斯宾诺莎与权力意志关系时，基本关注点在于：斯宾诺莎不健康的或者看似冷静的哲学内容及其形式，来自他自我保存的本能，而这种本能恰恰体现了他的权力意志。关于这三者关系叙述最为清晰的，是《快乐的科学》第五卷第349节，标题为"再论学者的出身"：

决意自我保存是陷入窘境的表示,也是对生命的基本本能进行限制的表示,生命的本能旨在**权力扩张**(Machterweiterung),而这种意志常常怀疑自我保存的本能并将其牺牲。比如,患肺结核病的斯宾诺莎和其他哲学家就把所谓的自我保存本能(Selbsterhaltungs-Trieb)看成是具有决定意义的东西,有人认为这是很有象征意味的,表明这些人恰恰是身陷困境的人啊!

现代自然科学同斯宾诺莎的教诲纠缠在一起(尤其以达尔文主义为最,连同他那不可理喻的"为生存而斗争"的片面理论),这恐怕与大多数自然科学家的出身有关,他们是"老百姓",其祖先贫穷、卑微,故切身体会到处世维艰。所以,在英国达尔文主义的周围弥漫着一种气氛,恰似英国人口过剩而造成的窒息空气和小民散发的贫困叹息。但身为自然研究者,应走出人的逼仄空间,在**存在着**的自然中,没有贫困状态,有的只是过度的丰裕和无穷的豪奢。"为生存而斗争"只是一个例外情形,是一个时期内生存意志受到限制所致。而大大小小的斗争全是围绕着为获得优势、发展和扩张而展开,为了获得与权力意志相称的权力,而权力意志正是生存意志啊。

这一节显然与上一节关联极为紧密。标题意味着上一节"学者的出身"——即学者的精神品质——这个问题并没有得到完整的说明。尼采当然可以把两节内容合二为一,分开叙述的目的在于,斯宾诺莎作为学者的楷模和精神奠基者,其重要性要求尼采不得不重新叙述。这一节除了标题之外完全没有提到"学者",也正意味着学者的精神来自斯宾诺莎这样的哲人的奠基——学者甚至没有为自己奠基的能力。

就"出身"而言,此处与上一节类似的某种血统论同样需要做比喻性的理解,学者、自然科学家和斯宾诺莎,"其祖先贫穷、卑微,故切身体会到处世维艰",这并不是真的说这些人祖先卑微穷苦——如果有较真的学者去勘察一下那些学者们的祖辈,就可以发现这自然并非全部实情,比如培根勋爵。这种所谓出身其实意味着,他们考虑的问题,并不是更广泛、更完整的自然问题,即尼采此处所谓的"存在着的自然",而是生存问题或者现实的存在问题,此为培根的科学进步的基本含义。[①] 尼采所谓自然科学与斯宾诺莎的教诲之间的纠缠,要害就在于,前者旨在用科学征服自然,改善人的生存境况,着眼点在于人的生存,而斯宾诺莎关于人的伦理学,前提就是与之极为类似的"自我保存":

> 德性的基础就在于自我保存的努力,而一个人的幸福就在于他能够自我保存。

---

① 参 Jerry Weinberger, *Science, Faith, and Politics: Francis Bacon and the Utopian Roots of the Modern Age*, Cornell University Press, 1985。

> 我们不能设想任何先于自我保存的努力的德性。①

斯宾诺莎的"自我保存"是人的在世伦理的首要德性,这种德性是一切事物的本质规定(《伦理学》,第三部分,命题七)。随即由自我保存这个前提出发,必然要推向较好程度的自我保存,"依照他自己本性的法则,每一个人必然追求他认为的善、避免他认为的恶"(命题十九),

> 绝对遵循德性而行,就是在寻求自己利益的基础上,以理性为指导,而行动、生活、保持自我的存在。(命题二十四)

自我保存必然推演至自我利益的追求,自我生活的改善。这是培根和斯宾诺莎共同确信的东西。在这个意义上,斯宾诺莎决定了学者品格的根本方向:学者作为"自然研究者",其研究自然,不是为了"存在着的自然",而是利用这种研究达到更好的自我保存——但他们的哲学言辞,却以"所有人"、"所有个体"的自我保存为说明。

---

① 斯宾诺莎,《伦理学》,贺麟译,北京:商务印书馆,1997年,第四部分,命题十八,页183;命题二十二。在命题十八至二十六,斯宾诺莎论证的核心就是自我保存的问题。参 Mitchell Gabhart, Spinoza on Self-Preservation and Self-Destruction, in *Journal of the History of Philosophy*, Volume 37, Number 4, October 1999, pp. 613—628。

因此，尼采冷酷地说，把自我保存作为哲学的前提，作为哲学的追求，并不具有真正的本质性和普遍性，不过表明了这种学说的持有者个体的生命困境，以及该个体对世界的感知和认识。尼采以"不健康"命名这种困境，此处称斯宾诺莎患肺结核病，《快乐的科学》372节则称其为苍白的吸血鬼，凡此种种，都强调了一种看似普遍的学说背后暗藏的个体气质，也强调了其理论之缺乏生命气息：

> 你们也要当心那些学者！他们憎恨你们：这是因为他们不能生产！他们的两眼干涸而冷酷，在这样的眼睛面前，每只鸟都褪去了羽毛。(《扎拉图斯特拉如是说》卷四，"论更高的人"，第九节)

斯宾诺莎作为学者精神的早期规定者之一，由于深陷困境，在不健康的个人精神气质之中，把自我保存这种"褪去羽毛"的鸟一样的论断，当作根本性的前提。但是，尼采认为，此中依旧有生命存在，这种对生命的低级肯定本质上依旧是对生命的肯定：斯宾诺莎的自我保存说反而体现了他的权力意志。因此，并不难理解，在斯宾诺莎的伦理学中，作为前提的自我保存是生命意志(尼采这里的说法是"权力扩张")的体现。这让我们产生一个疑惑：权力意志难道不是一个普遍学说？尼采所以极少提及这个词语，很可能就是为了避免这个尴尬。事实上，在《扎拉图斯特拉如是说》中，第一次提到的权力意志,是民族的、政治性的权力意志。尼采所说的各种权力意志之间是有区别的,这种区别非常类似于柏拉图笔下的人性差异。但是,这与学者有什么关系呢?

此节名为"再论学者的出身",与上一节相比,自然要在"出身"问题上更深入一步,即引入更深层次的权力意志问题。斯宾诺莎当然不是普通的学者,智性也固然极高,但在尼采看来,其精神品质并没有超出普通学者的高度,正是在这个精神高度上,他与那些"贫困叹息"的学者具有相同的权力意志。也就是说,斯宾诺莎具有的权力意志,是学者类型的权力意志,而非哲人的权力意志。既然权力意志是生命本身的意志(《善恶的彼岸》,13节),那么学者必然具有这样的权力意志。倘若如此,人人皆有的东西,尼采的批评又有什么意义?《扎拉图斯特拉如是说》"论著名的智慧者"中,扎拉图斯特拉说道:

> 你们所有著名的智慧者,尽皆服务于民众及民众的迷信!——而非真理! 正因此故,你们才受人敬仰。

这些著名的智慧者及其造就的学者,虽然有智慧或哲学之名,但和斯宾诺莎一样,其思考只朝向自我保存——或者更高级的自我保存,就其品性而言,是为民众的自我保存而作论证,而非为了哲学。因此,尼采说他们全部"服务于民众"。但是,学者却以自己的学问欺骗了自己,以为自己的"自我保存"或者与之类似的东西就是真理,以为民众对他们的敬仰是因为此类学说。其实,不过是民众认为他们以理论的方式说出了他们所不能说出的东西罢了。尼采戳穿这层面纱,逐渐指向了问题的关键:哲人与学者的本质差别。

学者与哲人

《扎拉图斯特拉如是说》第二卷"论自我-超越"一章是该卷甚至全书的顶点,这不仅仅是因为这一章近乎将权力意志说得桶底脱落,还因为这一章的言说对象是"最智慧的人",这些持有"真理意志"之人。① 随后几章则谈论了扎拉图斯特拉谈及现代世界其他的智慧可能——但是并非最高的智慧,学者便是其中的一种。② 这个整体的结构已经暗含了哲人是学者的判断标准,不过,至于什么才是真正的哲学和哲人,则是另一个主题,并非此处关注的要点。

"论学者"的开篇表明,扎拉图斯特拉曾经是学者:

> 我躺下入睡时,一只羊吃起我头上的常青藤花环——它且吃且说:"扎拉图斯特拉不再是学者了。"

---

① 刘小枫,《尼采的微言大义》,收于《重启古典诗学》,北京:华夏出版社,2010年,页255—256。
② 朗佩特,《尼采的教诲》,娄林译,上海:华东师范大学出版社,2013年,页206—207。

言毕，它僵硬而骄傲地走开。一个孩子对我讲述了此事。

羊和孩子都是比喻，传统上羊是基督教信众的比喻，但这里更喻指现代民众。传统社会里，民众并不关心哲学，但是现代科学和学者则要建立民众对科学的信仰——这本身成了一种政治正确与哲学启蒙。如果从学者与民主的关系来说，羊通过吞食扎拉图斯特拉头上的常春藤花环，已经发觉他不再是民主思想的支持者。① 这其实隐含了另一个判断标准：对于什么是学者，并非由学术品质本身所保证，而需要作为民众的羊的认可。但对向他讲述此事的孩子——扎拉图斯特拉可能的教育对象——来说，他却仍旧是学者，难道存在两种类型的学者吗？通观全章，这倒不难理解，扎拉图斯特拉已经告别了自己的现代学者生涯，行走于学者们的"头顶之上"。这似乎是尼采个人思想经历的转变，但更重要的意义或许在于，扎拉图斯特拉以自己为例，暗示了从学者向更高之途的转变可能。如此一来，扎拉图斯特拉身披的"学者"身份，就更像一种专门针对学者中某些人的劝诱外衣。本章随后的内容都在强调扎拉图斯特拉与学者的差别，或者如他在言辞中所说，他已经从学者上升到不同的高度，那么，有志于上升的学者可以

---

① 《扎拉图斯特拉如是说》前言里，扎拉图斯特拉的民主启蒙运动已经宣告失败。

他为楷模。

当然并不是所有学者都可能成为扎拉图斯特拉,所以,扎拉图斯特拉首先强调个体的"意志"。"我的命运意欲如此","我的灵魂饥饿太久",类似的说法表明,扎拉图斯特拉虽然曾经与学者同坐,但是他的灵魂、他的意志根本不满足这样的知识生活。而学者们求取知识的状况是:"他们受训求取知识,犹如敲开核桃,而我与他们不同。"学者之求知,是专业训练所致,而非他们内在的意志,而核桃更是与自己并无根本关联的可有可无之物。唯其如此,学者才能冷静客观地进行研究:

> 他们冷坐于清冷的阴影之中:在一切事物中都只想做旁观者,避免坐在太阳灼烧台阶之处。

这是一种冷静客观的科学研究态度,却远离生活。尼采此处再次暗示了斯宾诺莎:

> 斯宾诺莎的不要笑、不要哭,通过分析和活体解剖情绪而天真幼稚地主张毁灭情绪。(《善恶的彼岸》198节)

但太阳的比喻显然表明,这样的学术研究远离真理。扎拉图斯特拉则与之相反:"我过于炽热,被自己的思想灼焦。"炽热并不意味着对错,而意味着其内在的思想意志之灼烧,意味着面对太阳的真理时的灼热。

因此,扎拉图斯特拉才是思考者,而学者们并没有*彻底*思考的能力。那么,他们栖身于学者之屋究竟在做什么呢?尼采用了三个比喻加以说明:"如同那些站在街边凝视行人的人们:他们也是如是等待,凝视他人思考过的思想";"他们劳作如磨具和石舂:人们只需把其谷粒扔给他们!——他们知道把谷粒磨碎,从中制成白粉";"尘土盈满的房屋"。

这三个比喻虽然本质上是一回事,但各自指涉不尽相同。"凝视"他人的思想所强调的,是斯宾诺莎式的非情绪的客观观察,但也正是由于这个缘故,观察者并没有进入思想本身;但学者之为学者务必有其劳作,他们的劳作就是磨碎别人的思想,"制成白粉"。由于旁观思想的原因,他们无法分清思想与非思想之间的差异,因此,他们只能够使用他们的"逻辑工具",一如磨具和石舂,分析抛向他们的一切,这就意味着他们研究的对象已经从思想转变为任意东西,一切都可能成为学术研究的对象——柏拉图、河流或者某种城市的夜晚。但是,谁会向他们抛撒谷粒?当然不是思考的人,至少扎拉图斯特拉似乎没有这样的兴致,而是此处没有实际出现的主语,"他们的智慧常有一股气味,似乎产生于泥沼"——或许是平等的泥沼社会里的所有人,既存在又不存在的所有人,或者"民主"之主。于是,他们将这一切视为研究咀嚼的对象,但这种研究只是扬起了灰尘或者白色面粉,在"尘土盈满的房屋"之内。房屋是狭小逼仄的意象,是学者们精神世界的象征,也是《快乐的科学》349节中"人的逼仄空间",尤其是这个空间里弥漫着他们制造出的种种尘土。

表面上看,满屋的尘土似乎只是对混杂、幽暗、格局狭小的现代学术状态的描述,但很显然,逼仄空间里沸扬的尘土对于人的健康非常不利,在尼采口中,则近乎毒药:"我总见他们谨慎地准备毒药。"制造灰尘、面粉或者毒药,本质上或许是一回事:

> 他们的手指懂得一切穿线、编织和结网之举:他们如是织就了精神的袜子!

> 在小的机巧方面颇有才华,守候那些跛足而行的知识人——如蜘蛛一般守候。

理解这里的关键意象是毒药和蜘蛛。毒药之为毒药,是因为它毒害了更高知识的可能,而知识的片面(比如越发细化的学科划分)追求者,自然就是这些跛足而行的知识人——这或许是我们现代学者出发的必然起点,但是,学者们的毒药是捕获所有这样的知识人,其捕获方式即那些粉尘织就的"精神的袜子"。"袜子"暗示了这种知识品质是向下的而非向上的,因此"论学者"一章总是出现上与下的对比。问题的关键就在于:为什么学者要以向下的知识品质取代向上的哲学追求?他们为什么或彻底抛弃哲学,或非常夸张地将这种向下的求取命名为哲学？这仍然与毒药和蜘蛛有关。毒药和蜘蛛联系在一起就是毒蜘蛛。这正是《扎拉图斯特拉如是说》本卷第七章的标题——"论毒蜘蛛"，在这一章里，扎拉图斯特拉言辞似乎愈发激烈：

> 你们这些**平等**的传道者，我以喻辞向你们如是言说，这会令你们的灵魂晕眩！在我，你们即是毒蜘蛛，是隐匿的复仇者！
>
> 但是，我意欲使你们的隐匿之所敞露于明光之下：所以，我以高处的笑当你们的面而笑。

尼采这里的说法直接而没有丝毫遮掩："毒蜘蛛"是指宣说平等教诲的现代哲人，或者这些哲人教诲下的现代学者。其毒之所在，就在于复仇的渴望，他们的意志在于"我们意欲践行复仇，斥黜所有与我们不平等的人"。尼采将这种意志称为"平等意志"（Wille zur Gleichheit），正如前文所言，这显然是"权力意志"的一种类型。因此，学者知识碎片式的学术追求，其最深处，是一种来自自身意志的道德追求，平等意志"从此将自成为道德的名称"，而在尼采的哲学谱系里，最著名的道德毒蜘蛛就是卢梭。因此，"论学者"一章结尾明显暗示了学者与这种民主政治哲学的根本关联："人并不平等：正义如此说道。"在"论毒蜘蛛"一章，尼采在"平等"上加了重点号，而在这句结尾里，尼采则强调了"不"。

能够对这种平等说"不"的,是超越了其学者阶段的扎拉图斯特拉。而在《善恶的彼岸》里,这种"不"要转向肯定的"是":

> 真正的哲人是下命令者和立法者,他们说:"事情应该如此!"(211节)

哲人的使命不是追求客观知识,也不是否认客观知识,而是基于完整的视野指明方向。哲学必须超越于学术之上,哲人则必须超越学者,成为真正确定方向的人,"规定人的去向,人是什么,并且支配一切哲学工作者的预备工作"(同上)。这就关系到与人的本质相关的最根本问题的思考。

韦伯放弃了这个问题。表面看起来,尼采似乎无比严苛地指责学者的局限,但是,我们必须要明白的是,无论尼采还是扎拉图斯特拉,都曾经是学者。因此,尼采严苛的批评首先是一种自我批评。进一步说,"他本人曾经出于这些阶段……他本人曾经是批评家、怀疑论者……曾是诗人……'自由精神'乃至于一切"(同上)。尼采列举了进入哲学之前的精神可能,唯独没有提到学者,这或许正是因为学者反而是朝向哲学最大的障碍之一。这种障碍植根于现代学者的本质:从其精神品性而言,他们斯宾诺莎式的权力意志令自己丧失了对真正哲学问题的关注。但这并不是最大的障碍。更大的障碍在于,他们学术研究的合法性基于民主,并进一步为民主而辩护（《善恶的彼岸》，204节），民主政制的自由和平等品性将令学术更加繁荣，哲学愈加枯萎。

很不幸，我们也是学者。作为学者，我们阅读、分析尼采的批评，首先要指向的，或许应该是这种自我批评。尼采常常令笔者反躬自省：我所做的学术研究，究竟是尝试朝向真正的哲学问题，还是只不过在狭小的房屋内扬起灰尘——甚至连毒性都没有的灰尘？

跋　语

民主是当下政治现实与哲学必须面临的最急迫问题——如果我们严格一些,可以加一个"之一",以示客观,但是,其他一切关键问题几乎都与此相关。巧合的是,这也正是柏拉图当年面对的基本思想和政治现实。苏格拉底的哲学谈话大多从日常生活开始,我也希望自己的思考能够从今日最大的思想日常生活开始。

现代学者的研究喜欢各种理论构造,但自习读古典以来,不断验证一个常识,即我们思考的许多问题,前哲已多有阐发,比如政治生活与民主。柏拉图的描述可应之于美国,也常常可以应之于中国。唯一遗憾之处在于,柏拉图或者尼采的讲述都不容易理解,对我自己而言,阅读与写作是理解现实、理解他们的最重要方式。书中所列,是我的生活经验中我的阅读中切身所感的关于民主的四个重要问题,但也只是努力理解的艰苦尝试罢了。

学界所论,其背后的思想理据多与古今之争、与中西之争相关。窃以为,民主问题正可牵一发而动全身。西方古典与现代政治思想的割裂,突出地呈现于民主政制的理念:自由先于道德(甚至自由取代道德)？晚清以来,中西文明的碰撞,实质上只是中国古典文明与西方现代文明的碰撞,而中国其后的救国设想,药方多种,但多是现代方案,民主总是其中的一个幽灵。我想,以西方古典视野重新衡量民主政制,或可利于进一步思考中西文明之争。

是为跋。

2018 年 10 月 1 日于北京

图书在版编目(CIP)数据

向明而治/娄林著.--上海:华东师范大学出版社,2019
ISBN 978-7-5675-9161-5

Ⅰ.①向… Ⅱ.①娄… Ⅲ.①柏拉图(Platon 前 427—前 347)—哲学思想—研究②尼采(Nietzsche,Friedrich Wilhelm 1844—1900)—哲学思想—研究 Ⅳ.①B502.232②B516.47

中国版本图书馆 CIP 数据核字(2019)第 081272 号

华东师范大学出版社六点分社
企划人 倪为国

本书著作权、版式和装帧设计受世界版权公约和中华人民共和国著作权法保护

六点评论
向明而治

著　　者　娄　林
责任编辑　王　旭
封面设计　卢晓红

出版发行　华东师范大学出版社
社　　址　上海市中山北路3663号　邮编　200062
网　　址　www.ecnupress.com.cn
电　　话　021－60821666　行政传真　021－62572105
客服电话　021－62865537
门市(邮购)电话　021－62869887
地　　址　上海市中山北路3663号华东师范大学校内先锋路口
网　　店　http://hdsdcbs.tmall.com

印 刷 者　上海盛隆印务有限公司
开　　本　890×1240　1/32
插　　页　1
印　　张　3.75
字　　数　55千字
版　　次　2019年5月第1版
印　　次　2019年5月第1次
书　　号　ISBN 978-7-5675-9161-5/B·1187
定　　价　48.00元

出版人　王　焰

(如发现本版图书有印订质量问题,请寄回本社客服中心调换或电话021－62865537联系)